JN049938

Economic and Social Perspectives on the World under COVID-19

Through Experiences of the Lockdown in Paris

コロナ下の世界における経済・社会を描く

ロックダウン・イン・パリ体験を通して

長谷川信次 編著

同文舘出版

目次

第 **2** 章　コロナ危機の発生と フランス労働市場改革の行方

第 **3** 章　新型コロナ危機と経済，企業， グローバルビジネス

第4章　事業再編か移転か？
―Covid-19危機後のフランス多国籍企業の新たな戦略とは？―

第7章　コロナ禍と〈あたふた〉とする
フランスの家庭と家族

第**10**章　コロナ禍の情報リテラシーから見える国家と社会
—フランスを中心に—

コロナ下の世界における
経済・社会を描く

―ロックダウン・イン・パリ体験を通して―

序章 プロローグ：新型コロナ危機は私たちに何をもたらそうとしているのか

「私たちは戦争の只中にある。
　目に見えず，捕らえることもできないが，
　敵はそこにいて，日々強大化している。」

　それは2020年3月16日の月曜日，定刻の午後8時を少し回ってからの，エマニュエル＝マクロン大統領のテレビ演説で始まった。フランス語で「コンフィヌマン（confinement）」と呼ばれる外出禁止令，いわゆるロックダウン（都市封鎖）である[1]。この大統領演説の翌17日正午から，フランス全土で，ほぼ2ヶ月にわたって市民の外出が厳しく制限された[2]。通りから人と車が消え，食料品店，薬局，銀行，新聞・タバコ販売店，ガソリンスタンドのほかは，全ての商業活動が停止した。企業のオフィスワークは原則在宅勤務が義務付けられ，生産活動にも大きなブレーキがかかった。

　この演説の4日前，3月12日木曜日にも，マクロン大統領はテレビ演説を行っていた。フランスが「過去1世紀で最大の公衆衛生危機」に直面しているとして，週明けから託児所，小中学校，高校，大学を閉鎖すると宣言したのである。また14日土曜日の夕方には，フィリップ首相が会見を行い，そのわずか数時間後の15日深夜零時から，飲食店や映画館，商店など，人が集まる「不要不急の」場所を閉鎖すると発表した。普段なら午前2時ころまで賑わう繁華街のカフェやバーは，ビールやワインを片手にカウントダウンを待つ人であふれかえり，ちょっとしたお祭り騒ぎになっていた。連日のこうした不穏な動きが続く中，一段と厳しい措置がとられることは国民の誰もが予

感していたとはいえ，実際に大統領の口から外出禁止が宣言されると，動揺が走った。行動の自由を奪われるとはどれほどのものか想像もつかないまま，人々は不安と混乱に陥った。

　当時，私は，勤務先である早稲田大学の在外研究制度を利用して，かつて青春時代を過ごした懐かしのパリで過ごしていた。2年ほど前から，社会格差を背景とした「黄色いベスト運動（Gilets Jaunes）」による大規模なデモが，毎土曜日に行われていた。2019年12月初旬には，マクロン大統領の年金改革への反対からパリ交通公団（RATP）によるゼネストが発生し，2ヶ月近く続いた。その後，国鉄（SNCF），教師，オペラ座のバレエ団，裁判官らのストやデモ行進へとつぎつぎと飛び火していった。各地で既成政治や権力構造，人種問題への抗議活動がエスカレートして，無許可のデモ，暴動，警官隊との衝突も相次いだ。そうした社会的混乱がようやく落ち着き始めた矢先での，新型コロナウイルスの感染拡大である。

　ロックダウンのわずか2週間ほど前，正確に言うと2020年2月25日までは，フランス国内の感染者はほぼ皆無だった。さらに3週間さかのぼった2月の初め，都市の全面封鎖でゴーストタウンと化した中国武漢の街並みや，1,000床規模のコロナ専門病院をたった10日間で完成させた突貫工事の様子など，まるでSF映画でも観ているかのような異様な映像がテレビで流れたとき，ほとんどのフランス国民は対岸の火事と受け流していた。そこからあっという間の感染拡大であり，ロックダウンである。まさに青天の霹靂であった。

　大統領演説の翌朝，正午から始まる外出禁止の前までにと，私は友人のアパルトマンを訪ねた。曇天の下，メトロの駅からの道すがら，急いで買い物を済ませておこうと食品スーパーの入り口に並ぶ人々にはどことなく怯えた表情が漂い，いつものパリと違う光景に見えた。

　マクロン大統領は演説で，「戦時下にある」というフレーズを6回繰り返した。この強い表現で，ロックダウンという強権手段に訴えることに国民の理解を求めた。と同時に，新型コロナウイルスについての科学的知見に触れつつ，医療リソースの現状と配分の優先順位，失業対策，企業支援策，財政

政策など，「大統領の責任で」といちいち付け加えながら，政府の具体的な
コミットメントを示した。さらには，手洗いの重要性，握手やビズ（挨拶の
キス）などの濃厚接触の危険性，遠く離れた祖父母に会いに行くのではなく
「電話で声を届けよう，手紙を書こう」など，ロックダウン期間中に一人ひ
とりがとるべき日々の行動指針にも触れた。国民を統率するリーダーシップ
を遺憾なく発揮した演説は22分間続いた後，最後は，この困難から「這い上
がる」ための公徳心と連帯への呼びかけとともに，「共和国万歳！フランス
万歳！（Vive la République! Vive la France!)」で締めくくられた[3]。

　画面の向こうの3,500万人の国民に真正面から向き合い[4]，真摯に語りかけ
る姿からは，国のトップとして悩みもがきながらも，未知のウイルスとどう
闘うのか，どれほどの思いで国民に辛苦を強いるのかが伝わり，心が揺さぶ
られるものがあった。このようなリーダーを持った国民が羨ましく，輝いて
見えた瞬間であった。

新型コロナパンデミックの衝撃

　新型コロナウイルス感染症（COVID-19）は，2019年末に中国武漢で初め
て症例が確認されてから，またたく間に世界に広がった。WHO（世界保健
機関）がパンデミック（世界的大流行）宣言をしてちょうど1年後の2021年
3月11日時点で（以下同じ），世界で確認された累計感染者数は1億1,832万
人，死亡者は262万人に上り，その勢いはなおも衰える気配がない[5]。国別で
もっとも被害が大きいのが米国で，感染者が2,920万人，死者は53万人に達
している。米国一国で世界全体の1/4から1/5を占め，その突出ぶりが際立っ
ている。地域でみると状況がもっとも厳しいのが，世界の感染者の1/3を占
める欧州である。中でもフランスは，ロシアと英国に並ぶ深刻さで，感染者
と死者はそれぞれ405万人と9万人である[6]。フランスに比べて人口が2倍近
い日本は，感染者44万人，死者8,500人と，かなり控えめな数字には見える
ものの，最初に感染爆発を起こした中国の累計感染者数を2020年10月には追
い抜いている。

新型コロナウイルスは，飛沫や接触を介して人から人への強い感染力を持つ[7]。発症前の潜伏期間内でも感染の可能性があり，無症状の感染者も多いため，知らないうちに他者に感染させてしまうケースが多い。高齢者や基礎疾患のある人が感染して重症化した場合の致死率は極めて高く，若年者や軽症患者でも回復後に様々な症状が長期継続する後遺症のリスクがある。こうした臨床的・疫学的特徴を踏まえると，COVID-19との闘いは，ワクチンや治療薬が使えない限り，「ソーシャル・ディスタンシング（対人身体距離の確保）」で人と人との接触機会をできるだけ減らすことがまず大前提となる。その上で，マスクや手洗い・消毒などの日々の予防衛生対策の徹底と，感染クラスターの早期発見，および感染者と濃厚接触者の隔離で，二次感染を防ぐよりほかに術がない。ちょうど100年前に大流行したスペインかぜのときと何ら変わらない，何とも頼りなげな策である。感染流行の兆しが見えたら，外出と移動の制限，各種施設や職場の閉鎖，イベントの中止など，いわゆる「非薬剤的公衆衛生介入（NPI：non-pharmaceutical interventions）」を政府の権限で行って，ソーシャル・ディスタンシングを徹底する[8]。それによって指数関数的な流行曲線を平坦化させることが，世界共通のコロナ対策となった。

　感染防止に必要なのは他者との物理的距離をとることであって，社会的なつながりはむしろ維持すべき点を強調するため，WHOは，「ソーシャル・ディスタンシング（social distancing）」の代わりに「フィジカル・ディスタンシング（physical distancing）」と呼ぶことを提唱した[9]。しかしソーシャル・ディスタンシングという用語は，対人身体距離を確保する意味で感染症疫学や公衆衛生学の世界では以前より広く定着しており，呼称の変更が普及することはなかった。なお日本では，ソーシャル・ディスタンスという呼び名がしばしば用いられるが，これは特定の個人や集団の排除を指す社会学の概念であるから，実際は誤りである。「ディスタンシング（距離を離すこと）」という動名詞を使うのが正しい。

　開発から治験を経て，異例のスピードで承認までこぎつけたワクチン接種が，2020年末に英国でスタートした。その後，欧米諸国，さらには世界各地

でも接種が始まった。しかしワクチンの効果や安全性にはなおも懸念が残り，相次いで発見されている変異ウイルスに対する有効性も未知数のままである。限られた生産枠をめぐる各国間での争奪戦に加えて，輸送供給体制にも課題があるため，接種が進んで集団免疫を獲得するまでにはかなりの時間がかかりそうだ。ワクチン接種が大幅に出遅れた日本は言わずもがなだが，接種が進んでいる国でも感染再拡大が起きている。なによりパンデミックの封じ込めには世界全体でのワクチンの普及が欠かせないが，低所得国にはなかなか行き渡らず，その道程は遠い。したがって，NPIを臨機応変に用いながらソーシャル・ディスタンシングを徹底していくことが，感染拡大の抑制策として続けられるであろう。

奇妙で残酷な行動原則

　COVID-19対策の中核をなすソーシャル・ディスタンシングであるが，考えてみれば，なんとも奇妙で，そして恐ろしく，残酷な行動原則であることがわかる。私たちを友人や仕事仲間，コミュニティ，時には家族からも物理的に引き離し，心理的にも隔離させるからである。それは人と人とのつながりを引き裂き，私たちを社会的に孤立した状態へと追いやる。有史以来，共同体を志向する中で高度な社会性を身に付けてきた「ポリス的動物」としての人間の本性を否定する，異常事態に他ならない。

　日常の感染予防措置も同様である。マスクの着用や，挨拶の握手やビズの抑制など，フランスでは普段なら決して受け入れがたいこうした振る舞いを，政府は「ジェスト・バリエール（ウイルスから身を守るための防壁のジェスチャー）」と称してさかんに奨励しているが，バリアを張るのはウイルスに対してだけではない。人と人との間にも心理的バリア（障壁）を築くことになりかねない[10]。COVID-19と闘うためにジェスト・バリエールを甘受する切なさをユーモラスに歌った，フランスの人気ユーチューバーによるビデオクリップが大きな反響を呼んでいるのは，人と人とのつながりが断ち切られることへのフランス人の恐怖と悲哀を如実に物語っているといえよう[11]。

そして，ステイホームである。NPIの度合いや具体的措置，介入のタイミングによっても差があるものの，多くの国で人々は自宅にとどまるよう要請（あるいは指示・命令）され，移動の自由が制限され（奪われ）ている。それは言うなれば，私たちの直接の祖先であるホモ・サピエンス（知恵あるヒト）が6万年前に世界大移動の旅に出たとき，あるいは，もっとはるか昔，700万年前に樹上から降りて二足歩行を獲得した最古の人類が草原を移動したときから脈々と受け継がれてきた，「ホモ・モビリタス（移動するヒト）[12]」としての人間の根源的な欲求すら認めないことを意味する。新たな機会や出会いを求めて自由に移動する，この極めて人間的な営みが否定されるとは，人間の存在理由をも揺るがす事態と言ってもよい。そうした基本的・生理的欲求が抑圧され続けると，たとえウイルスから身を守ることができたとしても，その代償として心と精神，そして身体の健康を危険に晒すことになりかねない。

　フランスや他の欧州諸国では，外出や移動の制限が自由権の侵害であるとする抗議活動や訴訟が各地で起きている。マスク反対のデモ行進や，大勢の若者がマスク無しで密集して路上パーティーに興じる姿も，日本のメディアではおなじみの光景となった。彼の地のこうした感染リスクを高める行為に，公徳心の欠如と眉をひそめる向きは多いが，日本だって大して変わりない。時短営業や三密回避要請を守らず，夜遅くまで大人数で居酒屋に集うサラリーマンや官僚や政治家，渋谷でたむろする大勢の若者，昼カラでマイクを握る高齢者…。彼らに対するバッシングの声は後を絶たない。しかしこれらも全て，人間の本性や根源的欲求を奪うウイルスに対する私たちのささやかな抵抗であり，不条理さへの魂の悲痛な叫びであることは忘れてはならない。社会的弱者とされる人たちや孤立している人たちの中には，そうした声すら挙げられない人が大勢いるであろう。

　こうした人間の尊厳をかけたレジスタンスの連帯でさえ，子孫繁栄のチャンスとみて付け入り，感染クラスターに変えてしまうウイルスのなんとしたたかなことか。やはりこれはまさしく戦争である。

新しい生活様式

コロナ禍で突如として社会のルールとなった奇妙で残酷な行動原則により，私たちの生活は一変した。友人や同僚とのレストランでの食事は，デリバリーサービスの利用や自宅での料理，そして個食にとって代わられた。消費者の購買チャネルは，日々のリアル店舗での買い物からネット通販やライブコマースへの流れが一気に加速し，サービスやコンテンツをオンラインのサブスクリプション方式で消費する時間が急増した。大学の授業は一斉にオンライン方式に切り替わり，キャンパスから人が消え，会社では在宅でのテレワークやリモート会議が一気に広まった。余暇の過ごし方も，外出抑制や社会参加の減少で生まれた時間と空間において，思い通りにならない不便さの中にも意義や楽しみを見出そうとするスタイルへと変化した。長期のバカンスを取得する習慣が根付いているフランスでは，セカンドハウスでリモートワークする光景は珍しくなかったが，コロナ禍でそれがさらに長期化・恒常化し[13]，日本でもリゾート地で休暇をとりながら働くワーケーションや，マルチハビテーション（多拠点生活）といった新しい生活スタイルが生まれている。

こうした新たな生活様式は，感染流行が収束してソーシャル・ディスタンシングやステイホームが必要なくなれば，元に戻ると思われるかもしれない。もとより人間の本性や欲求に反する行動原則の強制で生まれた変化であるし，それまでの長年の習慣は変わらないはずだからである。しかし全てが元通りになることはないであろう。その理由の１つは，新しい生活様式の中には，デジタル化が進展する現代社会の中で，コロナ以前から既に起きつつあった変化が多く含まれていることである。EC（電子商取引）サイトでのモノやコトの消費は，インターネットの普及で既に私たちの生活に入り込んでいた。テレワークも米欧では，環境や災害リスクへの配慮から1970年代に始まり，日本でも都心一極集中や通勤地獄回避策としての分散型オフィスの提唱や，最近では，働き方改革の一環として政府が音頭をとって広めようとしてきて

いた。遠隔での教育コンテンツの提供もそうである。コロナ禍はそうした動きをさらに加速させ，前倒ししただけであって，パンデミックが収束したからといってそのトレンドが逆転するとは考えにくい。

第二に，パンデミック発生から既に1年以上が経過したが，収束の見通しはいまだ立っていない。今後も，さらにいくつもの流行局面が繰り返し訪れ，予想以上に長期化する可能性も出てきている。すると，パンデミック以前の常識（ノーマル）からすれば「アブノーマル」にしか思えなかったことでも，やってみればできることに気づき，継続するうちに習慣化して，やがてはありふれた日常になっていくであろう。そして広く社会の構成員がその日常を受け入れることで，社会で共有された集合的な慣習が形成されていく。こうしてかつてのアブノーマルが「新しい普通（ニューノーマル）」として定着すると，それと入れ替わるように「かつての普通」は急速に，過去のものとして感じられるようになっていく。気がつくと，そのような過去にはもう戻れないし，取り戻す必要も感じなくなる。コロナ後の世界に思いを馳せながら，「コロナロス」という言葉が時に囁かれるのは，「かつての普通」には戻りたくないという微妙な心理の表れともいえよう。

新型コロナパンデミックもいずれは収束する。過去どれほど甚大な被害を出した感染症であってもそうであった。ただし収束といっても，病原体の根絶による医学的な「終息」とは限らないし，その可能性はまずないと言ってよい。人類がこれまで経験した様々な感染症の中で唯一根絶できたのは，1980年にWHOが世界根絶宣言を行った天然痘だけである。しかも根絶までに要した時間は，ウイルスの起源に諸説あるものの一般的に3,000年，どんなに短く見積もっても400年以上かかっている[14]。天然痘以外のその他の感染症は全て，一度は抑え込んだように見えても定期的に感染流行が起き，その都度多くの犠牲者を出し続けている。それでも，ワクチンにより感染拡大がコントロールされ，治療法や治療薬の登場により重症患者や死亡者の数も一定範囲内に抑えられれば，人々は必要以上に恐怖心を持たずに「普通の病気」として受け止めるようになる。このときパンデミックは収束する（したことになる）。社会的な「収束」である。

　COVID-19も，人々の不安が鎮まり，「コロナとともに（ウィズ・コロナ）」生きていくことを受け入れるようになったときに，その社会的な収束を迎えるであろう。それがいつ，どの程度の感染レベルになったときかはわからないが，ワクチン接種の状況や変異株の出現から見てまだかなりの時間がかかるであろう。

　また，私たちの時代は感染症の時代とも言われる。地球温暖化の影響で未知の病原体との遭遇による新たな感染症の出現リスクが高まり，過去に封じ込めたはずの感染症が再流行するリスクにもさらされている。世界中の人々が身をもって体験した新型コロナパンデミックの悪夢が記憶としてとどまると，感染症という病それ自体に対して不安を抱き続けることになるであろう。すると新しい生活様式だけでなく，その背後のソーシャル・ディスタンシング，マスク，移動制限といった，本来「戦時下」の時限的措置であったはずのアブノーマルな行動原則までもが，なにがしかの形でニューノーマルとして残っていくのかもしれない。

人との関係性と移動性のパラダイムシフト

　ソーシャル・ディスタンシングで人と人との関係が物理的に絶たれることとは，見方を変えれば，関係性が距離に依存しなくなったことでもある。私たちの時代の人類は高度に発展した情報通信技術という道具を手にしているからである。インターネットのおかげで，距離を越えて，また国境や文化などのあらゆる境界を越えて，いつでもどこでも（自宅にいても）自由につながれる社会である。

　もちろん対人関係の中には，オンラインではつながりにくいものもある。オフィスでの雑談や偶発的なコミュニケーション，ブレインストーミング，はたまたアフターワークの飲みニケーションなどは，インタラクティブな情報・思考のやり取りや非言語コミュニケーションであるため，オンラインだとうまくいかない。旅先での人との出会いや，気の合った仲間との食事やおしゃべり，スポーツや音楽などのライブイベント，恋人との親密さもまた然

りである。五感を使ったコミュニケーションであり，その場の空気感とか臨
場感といったアナログ情報が満載であるため，オフラインで直に時空間を共
有しないと成立しにくい。コロナ禍でのオンライン飲み会に，初めは物珍し
がって参加してみたものの，何度も繰り返そうという気にはなれない感覚を
覚えた人は少なくないであろう。

　こうしたバーチャル空間での再現が難しい人間関係が，コロナ禍で半ば強
制的にオンライン化という実験にかけられたといえる。その実験過程で，も
はやリアルである必要のないものと，やはりリアルでしか実現できないもの
との仕分けが進んでいくであろう。そして前者についてはバーチャルとの共
存が模索されるが，後者の，リアルならではの価値が再確認された対人関係
については，パンデミックが収束したときにはその反動で，リアルの関係を
取り戻そうとする力がより強く働くに違いない。

　他方，定例の会議や，大学の大教室での講義，企業の商談などは，一方通
行的な言語コミュニケーションが中心となるため，オンラインでも十分に代
替可能である。とくに海外出張を伴うミーティングや国際学会への出席など
は，移動の時間とコスト，衛生や安全を確保するための追加的コストを考え
ると，オンラインのほうがむしろ効率的な面もある（もちろん公式行事後の
懇親会やコーヒーブレイク時のカジュアルな会話は別で，そういうところで
の情報や意見交換こそが重要とするのであれば，そのためにわざわざ出かけ
る価値はあるだろう）。そうした場面では，コロナ禍でリアルの価値は急速
に低下して，バーチャルへの切り替えが加速的に進むと予想される。

　私たちは今，オンラインの社会とコロナ禍で制約を受けたリアルの社会が
併存する世界の住人である。その世界で，リアルとバーチャルの2つの空間
を行き来しながら，あるいは両者を使い分けたり組み替えたりしてベストミ
ックスを探りながら，人と人とのつながりを紡ぎ直していく。そのようにし
て対人関係を再定義する作業が進んでいくのであろう。

　コロナ禍での移動制限も，移動の自由が人間の社会的権利として無制限に
保障されるものではないことを改めて気づかせるきっかけとなった。太古の
昔から人類は，「より速く，より遠くへ，より便利に」移動することを志向

してきた。しかし気候変動や都市の慢性的交通渋滞に象徴されるように，現代人の移動は既に限界に達している。コロナ禍の移動制限はそうした移動性そのものを問い直して，私たちの時代ならではの，サステイナブル（持続可能）な「ホモ・モビリス」を模索する動きへと導くであろう[15]。

　私たちがコロナ禍を生き抜くという体験を通して手に入れつつある，新たな移動性と人と人との関係性こそがニューノーマルで，新しい生活様式を形づくるベースとなるのかもしれない。

変容する価値観

　新型コロナパンデミックは，これまで見てきた様々な変化を引き起こしただけでなく，私たちの価値観にも影響を及ぼしつつある。他者とのリアルな接触機会の減少による人間関係の希薄化は，希少性の原理から，人と人とのつながりの価値を高めた。身体的な接触がかなわない，つながっているという確かな感覚が得られないからこそ，他者とのつながりの尊さや愛おしさを再認識するのである。また世界で日々，怒涛のごとく増え続ける重症患者と死亡者，あるいは後遺症に苦しむ人たちを目の当たりにして，誰もが「死」を身近なものとして意識したはずである。それは時間が有限であることを再確認し，その残された時間を私たちがどう「生きる」かを，自分自身に問いかけることでもある。そうした中で人々は，他者との関係の中で生かされていることに改めて気づき，共感，共助，公平，環境，命，多様性など，経済合理性よりも社会的な意義を重視し，利己の追求よりも利他的な生き方を選ぶようになった。

　しかしそれは，自己犠牲を伴うボランティア的な公共精神，すなわち私利私欲のない絶対的な利他主義というわけではない。自分が納得する方法で利己を追求したら，結果的に他者や社会全体の利益にもつながった，あるいは，他者の利益を図ることが自己の利益にもつながるといった，ある種の心地よさを纏った「打算的な」利他主義である[16]。他者に対するささやかな，「無理のない」利他主義でも社会的に効果的なインパクトをもたらす点で[17]，実

践性と普遍性の高い利他主義でもある。またこの利他主義が向かう先は私たちの身近な他者だけではない。異国の人たちや，将来世代の人たちにも向けられた，不偏的な利他主義でもある。

こうした利己の追求と矛盾しない「合理的な」利他主義[18]こそが，コロナ禍で人々が気づき，志向し始めた，新しい価値観である。この価値観の変化は人々の行動や生活様式の変化以上に不可逆的で，今後様々な方面に影響を与え，持続可能な未来に向けて社会を変革していく力となる可能性がある。何より人々は，他者と自分自身のためにソーシャル・ディスタンシングやマスクを積極的に引き受けるようになり，ワクチン普及に向けた国際協力も促進して，新型コロナウイルスとの闘いに勝利するための力となるであろう。

本書に込めた思い

私たちの周りで今何が起きているのか。これから何が起き，私たちはどこへ向かおうとしているのか。コロナ禍での人々の行動や関係性，価値観の変化に伴い，経済，社会，企業，学校，コミュニティ，家族など，様々な場面でニューノーマルが生まれつつあるとすれば，それはどのようなものであろうか。こうした問題意識のもと，フランス・パリでのロックダウンという体験の中で気づいたこと，感じたことを通して，私たちが直面している状況の本質を見極め，未来の姿を洞察しようとするのが本書の目的である。

本書は，私がパリ滞在中に開催したコロナ研究会に端を発している。研究会開催のアイデアは，在フランス日本大使館に勤務する壹貫田剛史氏と大来志郎氏との会話の中から生まれた。知り合いの研究者仲間にも声をかけて，ロックダウンのさなかの2020年４月に，総勢10名で研究会はスタートした。会議は２週間に１度のペースでオンラインにて開催され，毎回２名の報告者がそれぞれ専門とするテーマで発表した後，全体討論を行った。参加者のフランス人はみな，日本の社会や法律，経済，ビジネスに精通した専門家で，日本語も流暢であったことから，会議はもっぱら日本語で行われた。それぞれの専門分野の垣根を越えた発表と討論は新鮮かつ刺激的で，時には予定時

間を大幅に超えて白熱した議論が続いた。研究会を進めるうちに自然と出版
の話が持ち上がった。異国での厳しいロックダウンという，これまで経験し
たことのない貴重な体験の中で考えたことを，日本の読者にメッセージとし
て伝えたいという思いが強まったからである。

　日本のような要請ベースで自発的な行動変容を促すアプローチとは異なり，
フランスのロックダウンには罰則による強制力を伴う。しかも，親しみや愛
情の表現として身体接触をことさら大切にするフランス人にとって，ソーシ
ャル・ディスタンシングやマスクの強制は，人と人とのアタッチメントが引
き裂かれるような心理的苦痛を伴う。そうしたフランスの社会的・文化的文
脈の中でこそ見えてきた新型コロナパンデミックの本当の危機が，本書には
表されていると確信している。その思いを読者の皆さんに届けられたかどう
かは，読んでくださった方々の判断を待ちたい。

　2020年5月11日からコンフィヌマンの段階的な解除が始まり，6月に入る
と飲食店も徐々に再開を始めた。しかし中には，出入り口の扉が鉄鎖で括ら
れ，窓越しに見える店内には椅子がうずたかく積み上げられたまま，二度と
開かない店も少なくなかった。私は，近所のなじみのカフェやビストロが元
の姿を取り戻したことに安堵し，店主やギャルソンと久しぶりの再会を喜ん
だ。研究会のメンバーのうち，パリにとどまっていた人たちとは対面で会う
機会を設けた。再会したときはまるで，過酷なレジスタンス運動をともにく
ぐり抜けてきた戦友同士が，互いの勇気を讃え合うような気分になった。公
共交通機関の利用はまだ制限されていたため，互いに徒歩で移動できるモン
パルナスやサン・ジェルマン・デ・プレ界隈のブラッスリーやワインバーで
落ち合い，「ささやかながら需要喚起に貢献しよう」と言い訳をしながら，
おおいに食べて飲み，語らった。同じ時間と空間を共有して，人と人とのリ
アルのつながりの価値を実感したひとときだった。地方への移動制限が解除
された夏にはリヨンとブルゴーニュを訪問し，同地の戦友たちとも平和のひ
とときを満喫した。

　しかしそれはまさに，つかの間の休戦に過ぎなかった。私はパリ大学とシ

アンス・ポ（パリ政治学院）での任期終了とともに，2020年9月に後ろ髪を引かれる思いでパリを後にしたが，その後フランスは感染拡大の第2波を迎えることになる。10月下旬には1日あたりの新規感染者が連日4万人を超える日が続き，夜間外出禁止令（couvre-feu）が発出，そして10月31日から2度目のロックダウンに入ったのである。外出や移動は制限つきながらも認められ，大学を除く学校も授業を続けるなど，1度目のロックダウンほどの厳しさはないとは言うものの，パリの街を彩る居心地の良いカフェやレストランは再び閉鎖された。残された戦友たちの苦労を思うと心が痛んだ。しかもこれで終わりではなかった。2021年4月には3度目のロックダウンが行われ，今度は学校が再び閉鎖されたのである。

　闘いは続く。「収束」への道のりはいまだ遠い…。

最後に

　本書の出版企画がまとまったのは2020年8月上旬である。当初の予定から随分遅れての刊行となってしまった。執筆者には，コロナ禍が収束する兆しすら見えない不安な時期，日々の業務やオンライン授業への対応等で多忙を極める中での原稿執筆のお願いとなった。状況がめまぐるしく変化する中，時に事態が大きく展開する現在進行形の事象を対象とすることの難しさもあったはずである。しかし，スケジュールの遅れの最大の原因はひとえに私の力不足のせいである。私は帰国後，日本社会へのリハビリとステイホームを心がける日々での心身の健康の維持，そしてワークライフ・バランスの難しさを実感し，思うように筆が進まなかった。

　研究会の参加メンバーの中には残念ながらそれぞれの事情で出版には参加できない人もいた。また，その代わりに，研究会には参加しなかったが出版の趣旨に賛同して原稿を寄せてくれた人たちもいる。それぞれの分野で日仏の事情に精通した第一線の研究者ばかりである。全ての皆さんの理解と協力に対し，感謝の気持ちでいっぱいである。

　この間，辛抱強く待ち続け励ましてくれた，同文舘出版の青柳裕之氏にも

心より謝意を表したい。青柳氏の調整力と，なかなか出てこない原稿を待つ忍耐力なくしては，本書が出版までこぎつけることはなかったに違いない。私のパリ滞在中には，東京との８時間の時差がある中，何度もスカイプで打ち合わせを重ね，心が折れそうなときには叱咤激励してもらった。地球の裏側にいてもインターネットを使えばコミュニケーションがとれるという，人とのつながり方の「ニューノーマル」を実感することとなった。

　そして最後に，新型コロナウイルスとの闘いの勇敢な戦士である全ての人類に，本書を捧げたい。

注

1　「コンフィネ（confiner）＝閉じ込める」の名詞形で，感染症や暴動などの非常事態が発生した際に，被害拡大を防ぐために市民の外出や移動，企業活動などを制限する措置を指す。日本語では「ロックダウン」や「都市封鎖」と呼ばれる。英語にも，「confinement（コンファインメント＝幽閉，監禁）」というフランス語と同じ綴りの単語が存在するが，ややニュアンスが異なり，もっぱら「ロックダウン（lockdown）」が用いられる。なおマクロン大統領はこの日の演説の中では「コンフィヌマン」という単語は用いず，「ステイホーム（rester chez vous）」と訴えた。

2　内務省のホームページから入手できる「特例外出証明書」に必要事項を記入して携行の上，１日１回１時間以内，自宅から1km以内の外出のみが認められた。街なかでは警察や市職員による抜き打ち検査が行われ，違反者には135ユーロ（約１万7,000円）の罰金が科せられた。外出目的を選択する欄には，食料品，医薬品，新聞，タバコなどの生活必需品（de première nécessité）の購入のほか，通院，健康維持のための軽い運動（４月８日以降は夕方以降の運動のみに限定），ペットの散歩なども含まれた。生活必需品にタバコが含まれるのはいかにもフランス的と思われるかもしれないが，欧州では，露天では受動喫煙は起こり得ないとして，通りや飲食店のテラス席などの屋外での喫煙は基本自由である。

　なお，これら大幅な私権制限を伴う措置は，ロックダウンにあわせて制定された衛生緊急事態法（2020年３月24日施行）に基づく政令によって定められ，強制力を持たせるために罰則規定が盛り込まれた。罰則は後に引き上げられ，累犯時には最高で3,700ユーロ（48万円）と６ヶ月の禁固が科せられることとなった。

3　演説の録画はエリゼ宮（大統領官邸）のホームページとユーチューブで視聴でき，全文がPDFでダウンロードできる。https://www.elysee.fr/emmanuel-macron/2020/03/16/adresse-aux-francais-covid19

https://www.youtube.com/watch?v=MEV6BHQaTnw〔2021.4.1最終アクセス〕.

4　国営ラジオ局Radio France系列のニュース専門放送局France Interによると，フランスの人口6,700万人の半数を超える，3,500万人が大統領のテレビ演説をリアルタイムで視聴した。Toffolet, A. "Ces dix jours qui ont fait basculer la France dans le confinement

généralisé", FranceInter, le 14 mars 2021.
https://www.franceinter.fr/politique/ces-dix-jours-qui-ont-fait-basculer-la-france-dans-le-confinement-generalise〔2021.3.15アクセス〕.

5　ジョンズ・ホプキンス大学の集計。COVID-19 Dashboardを参照。(https://systems.jhu.edu/research/public-health/ncov/)

6　フランスでは流行の第3波を迎えた2021年3月以降の新規感染者の伸びが凄まじく，累計感染者数は3月24日までに露・英を抜き去り欧州でワースト1位，世界でも米・伯・印に次いでワースト4位となった。10万人あたりの感染者数は6,760人で，15人に1人が既に感染している計算になる。

7　ウイルスの感染力を示す基本再生産数（*R0*: 誰も免疫を持たない集団で一人の患者が平均で何人に感染させるか）は，モデルやサンプルによって幅があるが，COVID-19の場合，2.1〜5.1の範囲とされる。同じくヒトコロナウイルス感染症として話題となった，2002年のSARS（*R0*=1.7〜1.9）や2012年のMERS（0.7）よりも感染拡大が起きやすいことが確認されている。このことから，感染経路として空気感染に近いエアロゾル（マイクロ飛沫）感染の可能性も指摘されている。なお，2021年に入ってから相次いで出現している変異株では，*R0*がさらに上昇しているとする研究報告が多い。NIID国立感染症研究所「新型コロナウイルス感染症の感染性」IASR, 42: 30-32, 2021. を参照。https://www.niid.go.jp/niid/ja/typhi-m/iasr-reference/2536-related-articles/related-articles-492/10177-492r02.html〔2020.3.8アクセス〕.

8　既に感染が広がっている集団内の時点*t*で1人の感染者が何人に感染させるかを推定した，実効再生算数（*Rt*）を1未満に制御できているかが判断の目安となる。*Rt*は感染予防対策や集団内での免疫獲得者の数に依存するため，時間と状況に応じて変化する（NIID 2021, 前掲論文）。

9　Allen, H., Ling, B., and Burton. W. "Stop Using The Term 'Social Distancing' -- Start Talking About 'Physical Distancing, Social Connection'", Health Affairs Blog, April 27, 2020. DOI: 10.1377/hblog20200424.213070

10　自己が確立し個人主義が徹底しているフランスや欧米諸国では，顔の大部分を覆い隠すマスクは個人のアイデンティティを消滅させ（J. アタリ『命の経済』プレジデント社，2020），対人コミュニケーションを妨げるものでしかなかった。マスクは重病患者がやむを得ず着けることはあっても，健康な人がマスク姿で外出するなどもってのほかと考えられてきた。そのため，日本やアジアの旅行者の間でしばしば見かける公衆場面でのマスク姿は気味悪がられ，嫌悪されてきた。また親交の証しとしての握手や，親しい友人や家族との間でのビズ（頬と頬を左右交互に触れ合う「キス」）などのフィジカル・コンタクトは，「つながり」を確認する大切な習慣として生活の中に染み付いている。したがって命を守るための必要とはいえ，ジェスト・バリエール（gestes barrières）への拒絶感は強く，それが人と人との関係を弱体化させることへの怖れは日本人の想像を絶するほど大きい。

11　応援歌の曲名は，（パンデミック以前の世界を）「私は覚えている（Je me souviens）」で，今はジェスト・バリエールを甘受しても，以前のバリアのない自由な世界を忘れず，いつか取り戻そう，がメッセージである。(https://www.youtube.com/watch?v=t4h8j9xLyxQ)
ビデオクリップが2021年2月下旬にユーチューブで公開されると，6時間で視聴回数は

プロローグ：新型コロナ危機は私たちに何をもたらそうとしているのか

230万回を超え（Radio France系列 France Info調べ：https://www.francetvinfo.fr/culture/spectacles/humour/je-me-souviens-mcfly-et-carlito-devoilent-leur-chanson-sur-les-gestes-barrieres-apres-le-defi-demmanuel-macron_4305663.html, 2021.3.24アクセス）, 1ヶ月後には1,500万回に達した。同ビデオは, もとはと言えば, 若者にリーチしやすいコミュニケーション手段としてユーチューブの活用に積極的なマクロン大統領の提案で作成された。再生回数の目標をクリアしたため, 次回はエリゼ宮（大統領官邸）内での撮影が約束された（France Info, ibid.）。

12　片山一道『身体が語る人間の歴史』筑摩書房, 2016.

13　ル・モンド紙によると, 狭い自宅アパートに閉じ込められることを嫌って, 100万人以上のパリ首都圏に住む市民が実家やバカンス先の別荘に疎開したため, 1度目のロックダウン開始直後にパリの人口は17%減少した（携帯電話の位置情報データに基づく調査）。直前の週末には, パリから放射線状に地方へと向かう高速道路の渋滞は最長で700kmにも及んだが, ほどなくして県をまたぐ移動は禁じられた。なお, この時期疎開したパリ市民の中には, ロックダウン解除後もパリに戻らなかった人も多い。Untersinger, M. "Confinement : plus d'un million de Franciliens ont quitté la région parisienne en une semaine", *Le Monde*, 2020.3.26.

14　かつては紀元前1157年に死亡した古代エジプトのファラオ・ラムセス5世のミイラで見つかった膿疱が天然痘のもっとも古い証拠とされてきたが, 最近のDNA解析により, ウイルスの起源は大航海時代の16世紀末頃までしかさかのぼれないとする研究結果が発表された。一般社団法人予防衛生協会HPを参照。https://www.primate.or.jp/serialization/105%EF%BC%8E天然痘ウイルスは16世紀終わりに出現した：ミ／〔2021.3.10アクセス〕.

15　「ホモ・モビリス（homo mobilis）」は, 本能に従い自由に移動する「ホモ・モビリタス（homo mobilitas）」との対比で, 新たな時代の中で移動性そのものをパラダイムシフトさせて, 「移動するヒト」を再定義した概念として用いている。用語については以下を参照：Amar, G. (2010) Homo mobilis: Le nouvel âge de la mobilité, FYP éditions.

16　アタリはこの打算的利他主義（altruisme intéressé）こそが「もっとも聡明な（intelligente）利己主義の形」であると言う。Attali, J. "Face à un grand choc, il faut aller à l'essentiel, être utile aux autres", France Culture, 2020.3.22. https://www.franceculture.fr/economie/jacques-attali-face-a-un-grand-choc-il-faut-aller-a-lessentiel-etre-utile-aux-autres〔2021.3.11アクセス〕.

17　P. シンガー（2015）『あなたが世界のためにできるたったひとつのこと〈効果的な利他主義〉のすすめ』NHK出版.

18　アタリ, 前掲論文。

長谷川 信次

欧州の課題と挑戦

―コロナ禍が欧州の連帯にもたらしたもの―[1]

I　はじめに

　2020年春先から本格化したコロナ禍は，人々の生命・健康面の被害，経済への打撃，人と人の接触という基本的な営みの制限，地理的な広がりのいずれの側面をとっても，未曾有の世界的危機である。

　しかしながら，欧州では，コロナ禍に対する人々の捉え方や公衆衛生・経済両面での政策対応の面で，日本や米国とは異なる独特の事情がある。それは，欧州では，ドイツ，フランス，イタリア，スペインといった個別国と，欧州連合（EU：European Union）という枠組みが重層的に構成されているためである。EUは，27（Brexit前は28）もの主権国家の連合体である。EU域内では人々の往来は自由であるため，感染が容易に域内に拡散する。経済の面でも，産業構造や競争力，労働市場，財政ポジションなどの面で差異が大きく，各国独自の事情と「欧州」としての共通利害の間で緊張が発生しやすい素地があり，不信感・対立と信頼・協力が複雑な様相を織りなす。

　2020年春先から，欧州では最初に，イタリアなど南欧諸国で感染が猛威を振るい始めた。このときイタリアの一部の人々は，「我々が窮地に陥り，これだけ多くの人が死んでいるのに，EUは我々を助けてくれないのか」との強い不信感をEUに対して抱いた。これに対して，フォン・デア・ライエン欧州委員長は，4月16日，「イタリアが助けを要した感染拡大初期の段階で，適時に多くのことができなかったのは，事実である。欧州全体として，イタリアに対して心より謝罪する」と発言するに至った。

本章は，①コロナ禍発生前の欧州の状況を整理した上で，②コロナ禍に対する欧州の対応を振り返ることによって，③欧州の将来の方向性やわが国に対するインプリケーションを考察する，ことを目的とするものである。本章全体を貫くキーワードは，「欧州の連帯」である。

Ⅱ　欧州統合の背景

　欧州統合は，①ヒト・モノ・カネの移動を堰き止める国境や規制を取り除いて単一の大規模な市場を構築するとともに，②内政・外交・経済政策といった国家主権の一部を「欧州連合（EU）」という超国家的な枠組みに移譲・集約するものである。従来，国境の除去や国家主権の移譲は戦争という暴力的な手段で行われてきたものであり，これらを民主主義と交渉という平和的なプロセスで達成しようとする試みは，歴史に類をみない。

　壮大な社会実験というべき欧州統合は，「戦争を防ぐ」ことを目的として始まった。

　世界史に関する専門書を紐解くまでもなく，欧州の歴史は戦争の歴史である。EUを構成する2大国であるドイツとフランスの関係を例にとると，近代市民社会の礎となったフランス革命以降だけでも，①フランス革命戦争（1792～99年）とそれに続くナポレオン戦争（1799～1815年），②普仏戦争（1870～71年），③第一次世界大戦（1914～18年），④第二次世界大戦（1939～45年）という4回の凄惨な大戦争を経験している。

　各々の戦争の背景や帰趨は本章の分析を超えるが，ここで強調したいのは，経済，特に当時最も重要な生産資源と考えられた石炭および鉄の帰属が両大国の係争の大きな要因だったことである。普仏戦争の結果，石炭・鉄鉱石の豊かな産地であるアルザス・ロレーヌ地方の一部がフランスからドイツに割譲された。この屈辱は，フランス人の間に，ドイツに対する深い恨みを残した。第一次世界大戦後，アルザス・ロレーヌ地方の帰属はフランスに戻った。同大戦後にドイツが経済的・社会的苦境に陥り，ナチスの台頭を許すことになった要因として，連合国が課した天文学的な賠償金とともに，アルザス・

ロレーヌ地方の喪失によって産業復興が困難になった点が挙げられる。1923年，ドイツによる賠償金返済が滞った際，フランスは，ドイツの石炭・鉄鋼生産の中心であるルール地方を占領した。このルール占領は，ドイツ経済の苦境に拍車をかけ，今度はドイツ人の間にフランスに対する強い復讐心が形成された。そして第二次世界大戦では，フランスはドイツに蹂躙された。

　戦争の惨禍を繰り返し経験した第二次大戦後の欧州の人々にとって，「どのようにすれば戦争を防げるか」という問が何よりも重要な課題であったことは想像に難くない。そして，当時のリーダー達が示した方向性は，以下の2つの言葉に集約されている。

　　ウィンストン・チャーチル（第二次大戦中の英国首相，1949年）
　　我々は，「ヨーロッパ合衆国」のようなものを建設しなければならない。このような方策によってのみ，苦しみを背負った何億人もの人々が喜びを取り戻し，人生を生きるに値するものとするだろう。

〈European Commission, "Winston Churchill: calling for a United States of Europe"〉

　　ロバート・シューマン（欧州統合の父，1950年）
　　石炭と鉄鋼の共同管理は，長きにわたって軍需品生産に従事させられ，常に戦争の犠牲になってきたこれら地域の宿命を変えるものとなろう。生産における連帯は，ドイツとフランスの戦争を，想定し難いものとするのみならず，実質的に不可能にするだろう。

〈European Union, "The Schuman Declaration-9 May 1950"〉

　ヒト・モノ・カネに関する垣根を取り除いて単一市場を形成するという今日に至る欧州統合の方向性には，上記の2つの考え方，すなわち，①欧州全体として国家連合を形成すること，②重要な生産資源に対するアクセスを平等・公平なものとすることを通じて，個別国の利害と欧州全体の利害を一致させることによって，戦争を防ぐとの考え方が基底にある。欧州統合が，「石炭・鉄の共同管理」（1952年）から始まったことは，決して偶然ではない。

Ⅲ 欧州統合の現状

1.「道半ば」の欧州統合

　1950年代以降，欧州は，統合の深化を目指して，多方面にわたる膨大な政策を立案し，多大な外交・調整努力を重ねてきた。その結果として，ヒト・モノ・カネに関する障壁は大きく低下するとともに，各種の制度や政策の一体化が進んだ。しかし，一方で，EUに属する27ヵ国は，それぞれが豊かな文化・言語・歴史を育んできた国々であり，簡単に完全な欧州統合が達成できるわけではない。

　欧州統合の現状に関する筆者の総合評価は，「道半ばにある」というものである。「道半ば」であることには2つの側面があり，これらが，相互理解の困難や利害対立を深刻化させ，欧州の矛盾や痛みをかえって大きくしている面がある，というのが筆者の観察である（**図表1-1**）。

●図表1-1 「道半ば」の欧州統合に伴う矛盾と痛み●

「道半ば」の側面	例
制度としては，統合・自由化が進んでいるが，実際には円滑には機能していない。	労働移動が自由化されているにもかかわらず，実際には，ほとんどの人が，生まれた国で就労している。
経済や社会を構成する様々な制度のうち，ある制度は統合しているが，他の制度は統合していないため，矛盾が発生する。	ユーロ圏については，通貨と金融政策が統一され，為替変動や各国の独立した金融政策が消滅した。しかし財政政策は一体化しておらず，国をまたぐ財政の移転機能は限定的である。

出所：著者作成

2. 最適通貨圏の考え方と欧州の現状

　以下では，主としてマクロ経済の面から，欧州統合の現状と課題について考察する。その際，「最適通貨圏」の考え方に依拠して，共通通貨ユーロの導入（1999年）と，ユーロ圏にとって最初の経済危機と言うべき世界金融危

機（2000年代後半）とそれに続いて発生した欧州ソブリン債務危機（2010年代前半）に焦点を当てる。これは，初回の経済危機の要因や影響が，2回目の経済危機であるコロナ危機の「初期条件」を形成しているためである。

最適通貨圏に関する議論を進めるに当たっては，Mundell（1961）が提唱した，「①独立した金融政策，②固定為替（共通通貨）制度，③自由な資本移動，の全ては同時に成り立たない」という「通貨のトリレンマ」の考え方を理解しておくことが重要である。この考え方に従えば，共通通貨ユーロに基づく現行の通貨制度は，ドイツ，フランス，イタリア，スペインといった個別国からみれば，②および③を実現する代わりに，①を放棄したものと評価できる。

上記を踏まえ，最適通貨圏の理論を用いて，②を実現することのメリットがデメリットを上回る諸条件について考察する。

●図表1-2　共通通貨が最適通貨となるための条件●

▶複数の地域で非対称な需要ショックが発生した場合，共通通貨圏においては，為替変動や，個別国の独立した金融政策を通じた，インフレや成長・雇用の調整機能が働かない。
▶共通通貨が最適な条件とは，①産業構造等が類似していて非対称な需要ショックが限定的である場合か，②非対称な需要ショックに対して，その効果を相殺するスムーズな生産要素（労働力等）の移動が機能する場合である。
▶①，②が満たされなくても，地域間での財政移転が行われれば，調整は可能である。

出所：Frankel, Jeffrey A. and Rose, Andrew K. (1998) "The Endogeneity of the Optimum Currency Area Criteria."

以下では，**図表1-2**の考え方をやや詳細に説明する。

言うまでもなく，通貨が共通していることには大きなメリットがある。経済取引の度に通貨を交換することは大変な手間であるし，為替変動は大きなリスクである。このため，共通通貨を採用すること自体に，経済取引を活発化させる効果がある。しかし，共通通貨を採用することは，経済成長，失業率，インフレ，国際収支などの面で不均衡が発生する場合の有効な調整メカ

ニズムである，「為替相場の変動」と「独立した金融政策」を放棄することでもある。

このため，共通通貨を採用するメリットがデメリットを上回るためには，「域内各国の成長率や景気循環，インフレ率，産業構造，輸出競争力などが似通っていて，不均衡が発生しにくい構造になっている」ことが条件となる。

上記の条件が満たされていなくても，生産要素が円滑に移動すれば，不均衡は是正され得る。例えば，A国は好景気で人手が足りないにもかかわらず，B国は不況で高失業に喘いでいるという不均衡状態を想定する。共通通貨の導入の結果，為替変動や各国にとって最適な金融政策による不均衡の調整メカニズムは機能しなくても，B国からA国に労働力が円滑に移動すれば，不均衡は調整される。

さらに，生産要素の円滑な移動が機能しなくても，財政政策を用いて，A国で徴収した税収をB国に移転すれば，両国間の所得の不均衡は是正され得る。

3. ユーロ圏は「最適通貨圏」か

それでは，ユーロ圏は「最適通貨圏」を構成しているのだろうか。筆者が議論してきた識者の回答は，一致して「No」であった。

ユーロ圏を構成する4大主要国であるドイツ，フランス，イタリア，スペインの1人当たり実質GDPを確認すると，世界金融危機およびその後の欧州ソブリン債務危機を境にして，格差が拡大していることがわかる（**図表1-3**）。すなわち，ドイツは世界金融危機の影響が最も深刻であった2008年を除いて順調に所得が伸びているのに対し，イタリアやスペインでは同危機時の所得の落ち込みが著しく，2013〜14年からは回復に転じてはいるものの，ドイツとの格差は大きく拡大した。

ここで重要なポイントは，通貨が統一されても，ドイツと南欧諸国の間にかねてから存在した，産業構造・雇用構造，技術力，財政ポジションなど，潜在成長率やショックに対する耐性を規定する経済のファンダメンタルな要件までが収斂していたわけではない，ということである。

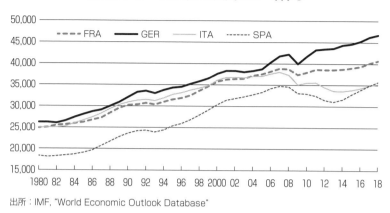

◉図表1-3　1人当たり実質GDP（$）◉

出所：IMF, "World Economic Outlook Database"

　1999年における共通通貨ユーロの導入を契機として，相対的に経済や財政が脆弱とされてきた南欧諸国の名目金利ひいては実質金利が大幅に低下した。金利低下を活かして生産性や競争力につながる投資が実施されれば名実ともに共通通貨圏が形成されたであろうが，現実には投資資金は不動産市場に向かい，バブルと形容すべき活況を呈した（特にスペイン）。しかし，リーマンショックを契機とする信用リスク不安の高まりを受けて金利が大幅に上昇すると，南欧諸国の経済は耐えることができず，経済・金融危機に陥った。

　不均衡蓄積のもう1つの側面は，名目為替レートの変動が消滅したことに伴い，未だに南欧諸国のインフレ率がドイツよりも高かったことを反映して，実質実効為替レートが，ドイツの輸出産品の価格競争力を高める一方，南欧諸国の競争力を弱める方向に推移したことである（**図表1-4**）。これは，元々製造業の競争力が強かったドイツの輸出競争力を一段と強め，欧州域内における国際収支上の不均衡を拡大させる一因となった。

　次に，労働力の移動を通じた調整メカニズムについて考察する。ここでは，チャーチルの「ヨーロッパ合衆国」構想を踏まえ，米国50州における失業率格差と，EU27ヵ国の失業率格差を比較する。

　労働移動には，地理的な距離が基本的な制約要因として作用すると考えら

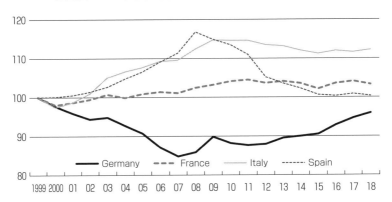

●図表1-4　実質実効為替レート（1999＝100)●

Germany　━━━　France　‥‥‥　Italy　━━━　Spain

1999 2000 01 02 03 04 05 06 07 08 09 10 11 12 13 14 15 16 17 18

出所：Eurostat, "Real effective exchange rate"

れるが，EUの面積は423万平方キロメートル（英国含む）であり，米国（983万平方キロメートル）の半分にも満たない。しかしながら，失業率格差は，米国の方がはるかに小さい。2019年時点で，米国において失業率が最も低いのはノースダコタ州の2.4％，最も高い州はアラスカ州の6.1％であり，その差は3.7％に過ぎない。

　一方，EUでは，失業率が最も低いのはチェコの1.9％であり，EU最大の経済大国であるドイツも3.2％と低い。この一方，最も高いのはギリシャの16.4％であり，チェコとの差は実に14.5％に達する。地域的に見ると，ギリシャ（16.4％），スペイン（13.7％），イタリア（9.6％）など，南欧諸国の高失業体質が顕著である（**図表1-5**）。

　EU市民は，EU内での自由な労働移動が保証されている。しかしながら，著しい失業率格差は，就業機会に大きなギャップが存在していても，最適通貨圏の理論で想定されている円滑な労働移動が機能していないことを強く示唆している。他のサーベイによれば，欧州における国をまたぐ労働移動は年間160万件，全人口の0.32％に過ぎないのに対し，米国では州をまたぐ労働移動は年間550万件で，人口の1.79％に達する（Recchi 2015）。欧州の労働市場は，制度としては一体化していても，現実には，各国ごとに分断されてい

●図表1-5　EU各国の失業率（2019年，%)●

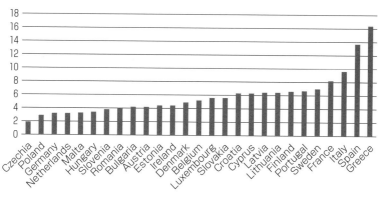

出所：Eurostat, "Unemployment Rate"

るのである。コロナ禍前には，「失業率が3%台のドイツの労働市場は完全雇用に達しており，建設業などを中心に人手不足が著しい」という話を頻繁に聞いたが，これと同じ時期に，スペインは，14%近い高失業率に喘いでいたのである。こうした労働市場の分断の要因としては，公用語だけで24の言語が認められているなど，全土で英語が使用される米国とは異なる欧州独自の事情が関係していると考えられる。

　最後に，財政支出の規模を比較する。欧州主要国の一般政府の財政規模は，対GDP比50%程度であり，日本や米国よりもはるかに「大きな政府」である（図表1-6）。この背景には，欧州の高税率・高福祉構造がある。この一方で，EUの財政規模はGDP比1%程度であり，この貧弱な財政基盤では，財政の移転機能は限定的にならざるを得ない。財政移転を拡大しようにも，各国レベルの財政規模が既に非常に高い水準にあることを踏まえると，EUへの拠出を大幅に増やすことは，困難を伴うであろう。

4. 小括

　ドイツと南欧諸国の間には，ファンダメンタルズの面で大きな差異が存在

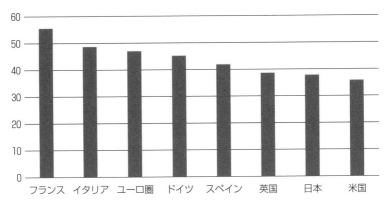

◉図表1-6　一般政府歳出（対GDP比%，2018年）◉

出所：OECD Data, "General Government Spending"

する。こうした中で共通通貨が導入されたため，実質金利，実質為替レート
の両面で不均衡が蓄積し，世界金融危機および欧州ソブリン債務危機の際に
不均衡が顕現化した。不均衡を調整する役割を担うべき労働移動や財政移転
は，有効に機能していない。上記の危機の際に拡大した所得格差は，10年を
経ても縮小していない。1970年代における共通通貨の導入を巡る議論では，
共通通貨の導入自体が労働移動等を活発化させる，というメカニズムが想定
されていた（神江 2020）が，ユーロ導入後20年を経た現時点においても，
このメカニズムは十分に機能していないと考えられる。

　すなわち，上記の危機以降，ドイツに代表される北と南欧諸国の間では，
経済的利害の共有が従来にも増して難しい状況になっていた，と言える。欧
州にとってコロナ禍がとりわけ大きな試練となったのは，このためである，
というのが筆者の見方である。

Ⅳ　コロナ禍と欧州

1. 欧州におけるコロナ禍と経済への影響

　欧州におけるコロナ感染はまずイタリアの北部で深刻化し，同国は3月9

日に，いち早く厳格な外出・移動制限措置（ロックダウン）に踏み切った。

　イタリアやスペインなどの南欧諸国は，世界金融危機およびその後の欧州ソブリン債務危機の打撃が著しかった地域である。不良債権比率の低下や自己資本比率の上昇が観察されるなど銀行部門の健全性は改善していたが，産業・雇用構造（中小企業比率の高さ，正規従業員比率の低さなど），企業ガバナンス上の脆弱性（所有と経営の分離が不十分であることなど），技術力，国際競争力，財政ポジションなどの点で，ドイツなど「北」に比べて脆弱な地域であることは，市場関係者の間でも広く認識されていた。不幸にもそうした地域でコロナ感染が最初に広まり，早くも3月中には北イタリアなど一部地域が医療崩壊に陥った。

　さらに，南欧諸国は，観光業など対人接触が避けられない産業への依存度がとりわけ高い地域である（図表1-7）。このため，ロックダウンによる経済面への打撃は，欧州内の他地域よりも深刻なものになると予想された。

　以下では，コロナ禍による経済への打撃の度合いが，欧州の中で大きな違いがあることを確認する（図表1-8）。

　まず，2020年の成長率は，ドイツでは▲6.0％という大幅なマイナス成長に陥る見通しであるが，イタリアは▲10.6％，スペインは▲12.8％と，ドイ

●図表1-7　GDPに占める観光業への依存度（%）●

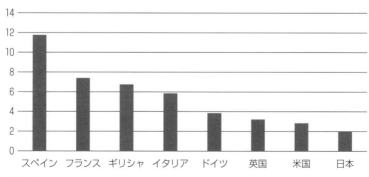

出所：OECD

ツよりもはるかに深刻な状況である。フランスの深刻度は，ドイツと南欧諸
国の中間に位置づけられる。

●図表1-8　成長率見通し（%）●

	2019	2020	2021
ユーロ圏	1.3	▲8.3	5.2
ドイツ	0.6	▲6.0	4.2
フランス	1.5	▲9.8	6.0
イタリア	0.3	▲10.6	5.2
スペイン	2.0	▲12.8	7.2

出所：IMF, "World Economic Outlook"

　未曾有の経済ショックにかかわらず，2021年におけるドイツの失業率は
4.2％と見込まれている（**図表1-9**）。コロナ禍前には，ドイツは完全雇用状
態と評価されていたことをも踏まえると，ドイツにおける失業率の低さは際
立っている。一方，南欧諸国は，コロナ禍以前から高失業率に喘いでいた上
に，2021年には，イタリアは11.8％，スペインに至っては16.8％まで上昇す
る見込みであり，深刻な状況である。

●図表1-9　失業率見通し（%）●

	2019	2020	2021
ユーロ圏	7.6	8.9	9.1
ドイツ	3.1	4.3	4.2
フランス	8.5	8.9	10.2
イタリア	9.9	11.0	11.8
スペイン	14.1	16.8	16.8

出所：IMF, "World Economic Outlook"

　財政ポジションを見ると，2019年には財政黒字国であったドイツでは，
2020年の単年度赤字はGDP比▲8.2％，債務残高はGDP比73.3％に止まる見通

しである（**図表1-10**）。一方，イタリアやスペインでは，単年度赤字が各々
▲13.0％，▲14.0％に達し，政府債務残高は161.8％，123.0％まで著増する見
通しである。

●図表1-10　財政見通し●

	一般政府財政赤字 （対GDP比，％）		一般政府債務残高 （対GDP比，％）	
	2019	2020	2019	2020
ユーロ圏	▲0.6	▲10.1	84.0	101.1
ドイツ	1.5	▲8.2	59.5	73.3
フランス	▲3.0	▲10.8	98.1	118.7
イタリア	▲1.6	▲13.0	134.8	161.8
スペイン	▲2.8	▲14.0	95.5	123.0

出所：IMF, "Fiscal Monitor"

2. コロナ禍を受けた対応

(1) 各国政府

コロナ感染が急速に拡大する中，南欧諸国を含む各国の政府は，公衆衛生
上の措置に加え，経済面でも，企業等に対する財政資金投入，税支払の遅延
の容認，銀行融資に対する保証などの方策を通じて，可能な限り迅速かつ大
規模な対応を実施した。

(2) ECBの金融政策運営

この間，EU機関で最も迅速に対応したのは欧州中央銀行（ECB）である。
コロナ感染の拡大とともに市場参加者は南欧諸国の先行きを不安視し，これ
ら諸国の国債の対ドイツ・スプレッドが顕著に拡大した（**図表1-11**）。この
現象は欧州ソブリン債務危機の際に観察されたものであり，同様の危機の再
来が懸念された。

これに対してECBは，市場に対する追加的な流動性供給措置や企業に対
する銀行貸出を後押しする措置を積極的に採用し，これを受けて，上記スプ

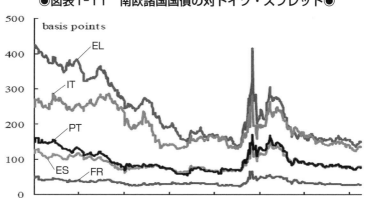

●図表1-11　南欧諸国国債の対ドイツ・スプレッド●

出所：European Commission, "European Economic Forecast"
注：ELはギリシャ，ESはスペイン，FRはフランス，ITはイタリア，PTはポルトガル

レッドは低下した。コロナ禍という公衆衛生上の危機が金融システム不安に
飛び火する可能性を低減させた点において，ECBによる政策の意義は大きい。
前節では，経済のファンダメンタルズが大きく異なる中で通貨を統一するこ
との矛盾について言及した。ユーロ圏全体の金融政策に責任を有するECBは，
こうした難しい環境の中で，最大限の柔軟性を発揮して金融市場の安定に尽
力している。例えばECBは，PEPP（パンデミック緊急購入プログラム）の
運用において，各国のGDP・人口を基に算出されたECBへの出資割合（キ
ャピタルキー）に沿って各国の国債等を市場から購入するとの原則に従いつ
つ，イタリアやスペインの国債等をキャピタルキー以上に購入するという柔
軟な対応を行った。

(3) EUに対する失望とマクロン大統領・メルケル首相による共同提案

　しかし，ECB以外のEU機関は，感染拡大初期の時点では，医療物資の手
配や経済支援に迅速に動くことができず，苦境に陥った南欧諸国に対して手
を差し伸べることができなかった。イタリアで多くの人が亡くなっている現
実がありながら，「欧州の連帯」が有効に機能しなかったことは，重い事実

である。また，対応しようにも，EUには十分な財源がないことも前述の通りである。こうした現実を直視した南欧の人々の間で，EUに対する失望感が高まったことは想像に難くない。フォン・デア・ライエン欧州委員長がイタリアに対して謝罪するに至った背景には，こうした実情があった。

こうした中，欧州のリーダー達の中で，「欧州の連帯」の必要性を最初に強く訴えたのは，フランスのマクロン大統領である。

　「EUが，数千億ユーロの規模からなる基金を今すぐに組成することを望む。この基金を通じて，支援に後ろ向きな北の諸国も，コロナで何千人もの人々が亡くなっているイタリアやスペインを支援することになるだろう。ドイツやオランダなど豊かな諸国が，パンデミックにより苦境に陥っている南欧諸国に連帯をもっと示さなければ，EUや共通通貨ユーロは，脅威に晒されるであろう。」(*Financial Times*, 2020年4月20日)

EU最大の経済大国ドイツは，コロナ禍前には財政黒字を計上するなど，健全財政に対するディシプリンが強固な国であり，他国に対する財政移転には消極的・懐疑的な国と考えられてきた。しかしながら，ドイツのメルケル首相は，マクロン大統領の訴えに迅速に対応した。すなわち，5月19日には，両首脳共同で5,000億ユーロ規模の「欧州復興基金」を提案した。

筆者の観察では，コロナ禍が深刻化し，EUへの失望感が強まっていた中で，「欧州の連帯」を繋ぎとめたのは，独仏首脳によるこの共同提案である。欧州統合が独仏両国で繰り返された戦争の反省に立脚して始まったことを振り返れば，「EUや共通通貨ユーロが脅威に晒される」という欧州の危機に際して，両国の首脳が欧州の共通利益のために何が必要かを理解し，ビデオ会見という物理的には離れた形ではあっても，共同で強いメッセージを発したことは，大きな転機となった。

もっとも，27ヵ国で構成されるEUの意思決定は複雑であり，巨額の財政移転を伴う枠組みの新設に向けた2大国の提案が，そのまま実現するわけで

はない。特に，夏場には，財政規模や補助金（grant）および融資（loan）の割合等を巡って，南欧諸国と倹約家4ヵ国（オーストリア，デンマーク，オランダ，スウェーデン）の間の調整が難航を極めた。

　経済基盤や財政余力に乏しい南欧諸国は，前述の通り，コロナ禍に直面して窮地に陥っていた。この一方，倹約家4ヵ国としては，自国の納税者から徴収した財源を外国に移転する以上，その規模を制限するとともに，非効率な使われ方をする可能性を極力排除したいという切実な事情があった。このため，補助金の割合を制限し，融資の割合を高くすることなどを強く主張した。

(4)「次世代EU」とその意義

　2020年7月21日，EU首脳は，難産の末，共同基金（正式名称は「次世代EU」）に合意した（**図表1-12**）。

●図表1-12　「次世代EU」の概要●

▶総額7,500億ユーロ（補助金3,900億ユーロ，融資3,600億ユーロ）。コロナ禍からの復興を主眼とする「復興・強靱化ファシリティー」の規模は6,725億ユーロ。
▶南欧諸国など経済基盤が脆弱な国に厚めに資金が配分される（財政移転機能）。
▶共同債務による資金調達。
▶グリーン向けに37%，デジタル向けに20%の支出が求められる。
▶返済財源として，国境炭素税やデジタル税を検討。

出所：European Commission, "Recovery Plan for Europe"

　「次世代EU」は，単にコロナ禍からの復興に要する財政資金に合意したというだけでなく，以下に示す通り，EUの在り方や将来に対して重要なインプリケーションを有している。

　第一は，欧州委員会が資金をEUの共同債務として市場調達し，その資金を，コロナ禍からの復興に要する資金ニーズが特に高い国に優先的に割り当てて，EU内で財政移転を機能させるとの点である（**図表1-13**）。

　コロナ危機に直面した当初は内部の不協和音が目立ったEUであったが，

●図表1-13　次世代EU：復興・強靱化ファシリティー（補助金分）の国別割当（10億ユーロ）●

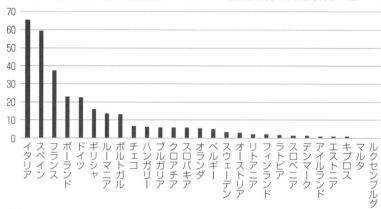

出所：European Commission, "Recovery Plan for Europe"

次世代EUの合意は，「欧州の連帯」を示すものとして，高く評価されている。

　また，金融市場が未だに国ごとに分断されている欧州において，EU全体の信用力に裏打ちされた安全資産が大規模に発行されることは，欧州の金融市場の深化・一体化や，国際金融市場におけるユーロの役割の向上という観点でも，意義深い。次世代EU債の先駆けとも言えるSURE債（緊急時の失業リスク緩和を目的とする制度の資金調達を行う債券）が10月に発行された際の応札倍率が10倍を超えたことは，「欧州の連帯」に基づく共同債券発行が金融市場においても好感されていることを示している。

　「次世代EU」は，連邦政府が州政府の債務を引き受けるというハミルトン財務長官の提案（1790年）が米国の連邦制を後押しした歴史に基づき，「欧州が連邦制に向けて動き出したことを示す」との捉え方も一部でなされている。EUは，公用語だけでも24言語が併存し，各国が豊かで独自性のある歴史や文化を育んできた地であるため，連邦制というアプローチは米国よりも困難を伴うだろう。しかし，米国でも南北戦争による分断が連邦制を推進した面があることを踏まえれば，欧州でも，コロナ禍という未曾有の危機が，財政面でのさらなる一体化をもたらす可能性はあるのかもしれない。

　第二は，「次世代EU」の資金を，コロナ禍以前への単なる回帰ではなく，

グリーン分野等に一定程度配分することを義務付けている点である。これは，コロナ禍を奇禍として誕生した「次世代EU」を，EUの政策の中でも特にプライオリティーの高い「欧州グリーンディール」実現の梃子として用いるとのアプローチであり，本分野で世界のリーダーシップをとろうとする欧州の並々ならぬ決意を示している（**図表1-14**）。

●図表1-14　欧州グリーンディールの概要●

> ▶2050年までに，温室効果ガスの排出実質ゼロを達成。
> ▶2030年までに，温室効果ガス排出を1990年比55%削減。
> ▶今後10年間で，最低１兆ユーロの資金を投入。
> ▶雇用創出やイノベーションによる経済成長との両立を強調。
> ▶炭素集約型の経済活動に依存している地域の支援。

出所：European Commission, "Recovery Plan for Europe"

　本章で度々強調しているように，欧州内部には深刻な利害対立がある。こうした欧州における「グリーンディール」の意義について，筆者は，ある識者から得た以下の言葉を忘れることができない。

　「欧州グリーンディールは，米国におけるアポロ計画のようなものだ。最初は人類が月に行けるとは誰も信じなかったが，実現した。アポロ計画は当時の米国にとっての旗印であり，世界中の人々が，米国の技術力・資金力のみならず，設定した目標を実現する力やリーダーシップに驚愕した。欧州も，問題や矛盾が大きいだけに，同様の目標設定が必要不可欠である。」

　欧州外の多くの人々にとって，「2050年までに温室効果ガスの排出実質ゼロを達成する」との目標は，余りに野心的な絵空事のように見えたことであろう。筆者も，その１人である。しかしながら，欧州は，コロナ禍という障害に直面してもぶれることなく，むしろ危機の渦中であるからこそ，30年先を見据えたビジョンを明確に示し，目標達成に向けて着実に歩みを進めてい

る。

　また，2020年10月には，日本の菅首相が2050年までの温暖化ガス排出ゼロ達成にコミットするなど，欧州のリーダーシップが着実に大きな影響をグローバルに与えている。欧州グリーンディールは，有望分野への先行投資による生産性や国際競争力の向上といった冷静な打算とともに，「欧州人」としての一体感や誇りを具現する旗印として，重要な役割を果たしている。

Ⅴ　おわりに

　本章では，欧州統合の目的を振り返りつつ，コロナ禍に直面した際の初期条件と対応を分析するとともに，欧州の課題や挑戦について整理した。もとより筆者は浅学菲才ではあるが，パリの地で，様々な調査・分析に接するとともに，急速に普及したオンラインでのコミュニケーションを通じて，欧州の人々が実際にどのようにコロナ危機を捉え，欧州の課題や将来をどのように見据えているのかについて生の声に接することができたのは幸いであった。

　欧州における意思決定過程に関して筆者が感嘆するのは，議論と外交という民主主義のプロセスが貫徹している点である。EUは，言語・歴史・地理・経済構造等の面で大きな差異がある27の国家による共同体であり，内部で利害対立があるのは当然である。こうした事情を踏まえて，EUでは，各国の首脳・閣僚，欧州議会，欧州委員会等において多元的に議論が行われ，意思決定が偏らない工夫がなされている。重要事項については，各国の議会による批准も必要である。

　一方で，こうした重層的な意思決定メカニズムの結果として，重要な意思決定に時間がかかり過ぎるという欠点がある。コロナ感染拡大の初期段階において，ECBを除いて迅速な対応が打てなかったことは，こうしたEU特有の弱点も影響している。

　しかし他方で，徹底的に議論して結論を出すという欧州流には，大きな価値がある。特に2020年夏，27ヵ国の大統領・首脳が実に5日にわたるマラソン協議を経て「次世代EU」に合意したことは，民主主義が多国間でも機能

することを示した好例である。欧州統合の目的が「戦争を防ぐ」ことにあったことを踏まえれば，欧州内での相互扶助の枠組みが民主主義に基づいて決定されていることの意義は，余りにも大きい。

　本章の執筆時点から振り返ると，EUの枠組みは，時間はかかったが，コロナ禍に対しても有効に機能していると実感する。12月25日には，EUで一括調達したワクチンの全加盟国に対する配布が始まった。EU諸国は未だに所得や医療体制の面での格差が大きく，各国がバラバラに調達して配布していたのでは，不公平感やロジスティクス面での非効率性が余りにも大きい。コロナの渦中にある欧州にとって，ワクチンの一括調達・配布は何にも代えがたいクリスマス・プレゼントである。

　欧州の意思決定メカニズムに対する評価が多面的であるように，経済政策についても様々な評価があり得る。本章では，通貨統合が不均衡の蓄積や所得格差拡大の一因になった点を解説した。しかし，ここではある識者が筆者に対して語った以下の言葉を示したい。

　　「経済政策の帰結に関するそのような評価は的を射ている。労働移動や財政トランスファーが不十分ななかで共通通貨を導入し，為替変動や独立した金融政策による調整メカニズムを放棄したことは，経済的には合理的ではなかったかもしれない。しかし，欧州統合の究極の狙いは，経済ではなく，政治であることを忘れないで欲しい。これまで外国だった国にパスポートも持たずに行って，お金を両替することもなく気軽に観光や買物ができることが，欧州としての一体感を醸成するのではないだろうか。気軽に往来や通勤ができる隣国と戦争を起こす気になるだろうか。」

　実際に，第二次世界大戦後，EU加盟国間の戦争は発生していないのであるから，欧州統合の目的は十分に達成されているとの評価も可能である。

　上記の識者の言葉からも明らかな通り，欧州統合の成否や将来を経済の面からのみ評価・検討することは，一面的過ぎる。この点で，筆者が欧州統合の深化に向けて有効と考える方策は，人々の「欧州市民」としてのアイデン

ティティーを高め，欧州としての共通利害に共鳴できる人の厚みをあらゆる社会階層において増やすことである。こうした意識改革は，労働移動の円滑化にも財政移転機能の拡大にも寄与するであろう。こうした意識改革を進める上で有効なのは，何といっても，様々な国出身の若者が一緒に学んだり働いたりする経験である。その意味では，筆者は，EU諸国間の大学生の異動・留学制度であるエラスムス（ERASMUS: European Region Action Scheme for the Mobility of University Students）を高く評価している。映画「スパニッシュ・アパートメント」では，エラスムス制度を通じて，フランス，ドイツ，スペイン，英国など様々な国出身の大学生の生き生きとした交流が描かれているが，こうした光景が日常化すれば，草の根レベルから，欧州内部の利害対立は解消されていくように思われる。

　コロナ禍に苦しむ欧州ではあるが，幸い，エラスムス制度の予算は増額される。欧州に縁のある日本人の1人として，欧州の人々が，各国の伝統や歴史を尊重しつつ，欧州人としてのアイデンティティーをも醸成することによって，日本にとって大事な外交・経済上のパートナーであるEUが一層進化することを期待したい。

注

1　本章の内容は個人のものであり，日本銀行による公式な分析・見解ではありません。また，誤り等があった場合の責任は，筆者に帰属します。

参考文献

Frankel, Jeffrey A. and Rose, Andrew K. (1998) "The Endogeneity of the Optimum Currency Area Criteria", *The Economic Journal*, Vol.108, No. 449, pp.1009-1025.

Joannin, Pascale and Giuliani, Jean-Dominique (2019) *Permanent Atlas of the European Union,* 2nd edition, Robert Schuman Foundation.

Mundell, R.A. (1961) "A theory of Optimum Currency Areas", *American Economic Review*, Vol.51, No.4, pp.657-665.

Recchi, Ettore (2015) *Mobile Europe: The Theory and Practice of Free Movement in the EU*, Macmillan Publishers, Limited.

神江沙蘭（2020）『金融統合の政治学―欧州金融・通貨システムの不均衡な発展』岩波書店.

各種統計データ

European Commission, "European Economic Forecast".
European Commission, "Recovery Plan for Europe".
Eurostat, "Real effective exchange rate".
Eurostat, "Unemployment Rate".
IMF, "Fiscal Monitor".
IMF, "World Economic Outlook".
IMF, "World Economic Outlook Database".
OECD Data, "General Government Spending".

山下 裕司

第2章

コロナ危機の発生と フランス労働市場改革の行方

Ⅰ　はじめに

　2020年3月に新型コロナウイルスがフランスにおいても大幅流行となって以降，フランス政府の主旋律をなすコロナ対応は，医療資源の確保，移動・営業制限措置の実施，緊急的経済対策であり，これらはどの先進諸国にもある程度共通したものだったように思われる。

　一方，フランスは新型コロナウイルスの流行開始時点で，中期的な政策課題を仕掛りのものとしていくつかの分野において抱えていた。そのうち，労働市場改革の行方に着目したものが本章である。この言わば対旋律をなす政策分野において，フランス政府がどのように対応したのかは，興味深い。従来，政権が思い描いていた改革の針路と速度を可能な限り維持したいという思いと，コロナ危機の発生を受けた状況に柔軟に対応しなければならないという要請が交錯する中での，フランス政府独自の悩みとアプローチがあったように思われる。この政策分野における動きを1年余りにわたって追跡し，暫定的ながらもその分析・評価を試みようとすることが，本章の主旨である。

　わずか1年余りの中でも，大きく2つのフェーズに分けて考えることが可能と思われる。

　第一のフェーズにおいては，新型コロナウイルス流行という事象を利用しつつ，比較的短期間で政策対応のパッケージを示した。帆船が向かい風においても帆の角度をうまく操ることで総合的には前進できるという航海術を見るようでもある。一方，第二のフェーズは，夏以降新型コロナウイルスの流

行が再度拡大する中で，フランス政府がかなり神経質に，細かい政策の出し入れを迫られた局面である。再び帆船に例えるならば，風向が頻繁に変わる中でも針路を保つべく，こまめに帆の向きの変更や操舵を行った時期ということが言えよう。

本章執筆時において，感染症流行は未だ終息しておらず，論点としている政策課題へのフランス政府の対応も終局的なものとはなっていない。その意味で最終的な分析・評価を下すには時期尚早ではあるが，危機下に，一先進国が労働分野で行った政策運営を行政過程・政治過程として記録にとどめておくこととしたい。

Ⅱ コロナ危機前夜の労働市場改革の状況

フランスの労働市場に関しては，高失業率，労働スキルの二極化，不安定な雇用形態の多用，労働コストの高さなどが課題と指摘されてきた（Brandt 2015; Catherine et al. 2015; OCDE 2017）。マクロン大統領は，前任のオランド大統領の下で経済産業デジタル大臣を務め，2015年のいわゆるマクロン法（LOI n°2015-990）のイニシアチブをとるなど，労働市場改革に意欲を持っていたと考えられる。2017年に大統領に就任すると，その勢いに乗って9月には選挙公約にもあった労働法典改正を断行した（Ordonnance n°2017-1385, 2017-1387など）。特に，不当解雇の際の賠償金の上限を法令によって設定したことは，行政・政治過程としては象徴的と言えよう。というのも，この上限設定は，2015年のマクロン法の際は憲法院の判断により，2016年のエル・コムリ法（LOI n°2016-1088）の際には法案策定の過程で，法案から削除された経緯があるからである。2017年の労働法典改正は諸改革が盛り込まれた複雑な体系であり，専門的には集団的規範設定システムに関しても大きな転換点であるとする指摘もある（JILPT 2019）が，いずれにせよ全体として労働市場の柔軟性を高める効果が期待されるものと捉えられていた（Carcillo et al. 2019）。

2018年8月には職業訓練，見習実習制度などの改革を実現し（Loi n°

2018-771) 各種のセーフティネットを強化，2019年1月からはオランド政権下でスタートした競争力強化・雇用促進税額控除（CICE）を社会保険料の企業負担分の軽減という形で恒久化し，労働コスト軽減に取り組んだ。2019年前半には，失業保険改革にも本格的に手を付け，受給資格・失業手当の厳格化により就労インセンティブを高めるとともに，不安定な雇用契約を多用する企業に対する制裁金制度（ボーニュス・マリュス制度）を導入することで雇用の質の向上に資するパッケージをまとめ上げ，政治的には決着をしていた（Décret n°2019-796, 2019-797）。失業保険改革は，マクロン大統領の雇用・労働施策に関する選挙公約の中で残されていたものであり，2021年に向けて段階的な施行が予定されていた。

マクロン政権5年任期の前半2年半のうちに，長年の懸案とされてきた種々の労働市場改革を着実・迅速に積み重ねている状況だったと評価できよう。

Ⅲ　危機発生後の雇用政策における大統領のイニシアチブ

このように順調に改革を進めているかに見えたフランスをコロナ危機が襲う。2020年3月から5月にかけての第一回ロックダウンは，フランス経済の体力を大きく奪った。INSEE（2020a）によれば，失業率こそ第1四半期（7.8％），第2四半期（7.0％）と，それ以前の8％台に比べて低下したものの，これはロックダウンにより求職活動そのものが困難となったことを背景とする「統計上の錯覚」と指摘された。2020年第2四半期における国内の雇用総数は前年同期比で57万2,900人の減少（率にして−2.3％）を記録し，特に臨時雇い（intérim）が前年同期比で−27.1％となっている（INSEE 2020b）。

フランス政府は危機対応措置の一環として，雇用面でも日本の雇用調整助成金に類似する「部分的失業制度」を高い政府助成割合の下で稼働させた。部分的失業制度は，危機時に雇用関係を人為的に一時凍結する制度であり，ある面労働市場を硬直させる制度と考えられる。危機下においては，主要先進国に共通するアプローチであり，有効な緊急対応策ではあるが，労働市場の柔軟性を指向してきたこれまで2年半の労働市場改革路線とは方向性が逆

向きとなる措置と評価できよう。筆者取材によれば，部分的失業制度の高い政府助成割合は労働者の就労インセンティブを損なうという指摘がルメール（Bruno Le Maire）経済財務大臣に助言をするエコノミストの間から，かなり早期になされていたようである[1]。5月25日にフランス政府はコミュニケを出し，政府助成割合100％とされていたものを6月1日以降85％に引き下げた（観光業関連などは9月末まで100％を維持）。フランス政府も部分的失業制度について「脱却すべきもの」と捉えていたことがうかがえる。

ロックダウン解除後ほどない6月4日に，マクロン大統領自ら，大統領府において政労使全体会議を主催し，雇用政策に関する総合的な議論をキックオフした。多大な調整を要した2019年の失業保険改革，そして2019年末から2020年初にかけて大規模ストライキを引き起こした年金改革でさえ，労使代表を招いての会議はフィリップ（Édouard Philippe）首相（当時）に任せていた。このことからも，この時期の雇用問題への大統領の力の入れ方がうかがえる。主に以下の分野がこの会議のアジェンダとして提示された[2]。

① 部分的失業制度の縮小の在り方，従来型の部分的失業制度を代替する
　雇用調整の新制度の創設
② 若年者雇用支援
③ 失業保険改革の取り扱い

①は緊急対応策の出口戦略の策定，②は短期の雇用創出策であるとともに就職氷河期（＝中長期的な人的資本蓄積の停滞）の回避策，③は就労インセンティブ強化・雇用の質改善策と考えられる。雇用不安の解消・大量解雇の回避という短期課題に対応するだけではなく，①～③の課題をこなすことで中期的視点での労働市場改革の路線を維持するのだというフランス政府，マクロン大統領の意思が感じられる。

Ⅳ 2020年夏前の迅速なパッケージ取りまとめ

1. 部分的失業制度の縮小の在り方等のパッケージ

　議論キックオフの3週間後の6月24日，マクロン大統領は労使代表を再び大統領府に招待した[3]。この政労使会議においては，部分的失業制度の縮小の具体的な内容と，従来型の部分的失業制度（以下，一般制度）を代替する雇用調整の新制度，すなわち長期部分的活動制度（Activité Partielle de longue durée, 以下，APLD）の大枠が，大統領裁定という形で公表された[4]（**図表2-1**）。一般制度に関しては，2020年10月から，政府助成割合を大幅に低下させる意欲的な案だった。労使合意という集団的規範設定システムを利用して企業別・産別に企業活動の一時的低下の諸条件を柔軟に決める枠組みである新制度のAPLDに関しては，コロナ危機のこのタイミングを逆手にとり，7月施行という素早さで創設された。

●図表2-1　一般制度縮小案とAPLD新設案の概要●

	コロナ危機発生後拡充された制度	一般制度縮小案	APLD新設案
発動基準	• 一方的決定と行政的承認	• 一方的決定と行政的承認	• 企業内あるいは産別の合意 • 企業・競争・消費・労働・雇用地方局（Direccte）による審査
期間	• 6ヵ月まで	• 3ヵ月（最大6ヵ月まで更新可）	• 連続する36ヵ月の中の最長24ヵ月
労働時間	• 雇用主が「一時帰休可能な」時間を要請 • 時間量は行政的に承認され，事後，実際の帰休時間に対して企業は補助金申請	• 変更なし	• 4割を上限として，一時帰休時間の最大値を合意の中で定義 • 帰休時間は労働者ごとに決められるが，合意の期間に応じて調整可能
企業が補償する賃金	• 原則ネット賃金の84%	• 原則ネット賃金の72%	• 原則ネット賃金の84%
政府助成割合	• ～5月30日：100% • 6月1日～：85%	• 60%	• 80%（10月1日以前に署名された合意に関しては85%）

雇用維持の コミット	• 義務的ではない	• 部分的活動中は雇用を維持	• 合意が雇用維持へのコミットメントを定義 • 合意のみが雇用の縮小を認めることが可能 • コミットメント違反の解雇については原則政府助成を返還
職業訓練	• 職業訓練の費用の100%を政府が負担	• 職業訓練の費用の70%を政府が負担 • 希望により個人職業訓練口座（compte personnel de formation (CPF)）の動員に関する合意が可能	• 職業訓練の費用の80%を政府が負担 • 希望によりCPFの動員に関する合意が可能
労使対話	—	• 社会経済委員会に少なくとも四半期に1度報告	• 合意のフォローアップの基準・手法については合意の中で定義 • 社会経済委員会に少なくとも四半期に一度報告
制度開始時期	—	• 2020年10月	• 2020年7月

出所：フランス政府公表資料から2020年7月段階のものとして筆者作成

2. 若年者雇用支援のパッケージ

　2020年7月6日に組閣したカステックス（Jean Castex）新首相は，6月の大統領主導のアジェンダセッティングの流れを受ける形で，精力的に一連の雇用政策メニューを打ち出す。7月23日にはブザンソン市を訪れ若者や職業訓練生らと意見交換を実施し，同日「若者一人ひとりに解決を（un jeune, une solution）」計画を公表した。全体として17項目からなり，財政的には全体で70億ユーロ規模の政策パッケージであった（**図表2-2**）。

　看板施策の第一は，6月4日のキックオフ時に既に大統領が予告していた見習実習制度への支援である。見習実習生として若者を雇用した企業に対し，1人当たり年間8,000ユーロ（成年の場合。未成年の場合は5,000ユーロ）を支給することを柱とする支援策である。第二の看板施策が2020年，2021年の措置として法定最低賃金の2倍までの給与の25歳以下の若年者雇用にかかる年4,000ユーロの補助[5]である。「2倍まで」という基準については，7月15日の施政方針演説（「1.6倍まで」と表明）から1週間の間に，経済界の声に応えて引き上げたと報道されている（年齢基準については27歳とすべきとの声

●図表2-2 「若者一人ひとりに解決を」計画の17項目●

雇用支援	2020年8月〜2021年1月の若年者雇用について4,000ユーロの補助
	見習実習生の採用に対する5,000ユーロ（18歳未満）または8,000ユーロ（18歳以上）の補助
	10万の市民サービス（service civique）業務の追加的創出
	若者・大衆教育協力基金（FONJEP）による2,000の雇用支援
	経済モデルのエコロジー転換の中心に位置する中小・小規模事業者の1,000の雇用
	国家スポーツ庁の活動に関連する2,500の雇用
職業訓練	10万の新たな職業訓練機会（資格形成またはプレ資格形成）
	パラメディカル・看護師等の資格形成余力を2倍にするための1.6万の医療分野の職業訓練（今後5年）
	3.5万のIT分野における職業訓練（2020年，2021年）
	3.5万人の16〜18歳中退者にかかる個人訓練コース（parcours individualisés）
	職業適性証明（CAP）や上級技術者免状（BTS）などの高等教育課程で職業訓練を実施するための2.65万の追加枠確保（2020年9月開始授業年度）
	「成功への道（les cordées de la réussite）」や「優秀者コース（parcours d'excellence）」といった進路指導の枠組みの恩恵を受ける生徒数を倍増
社会参入支援	12万の追加的な社会参入支援の枠の創出。雇用能力経路（PEC）や雇用主主導契約（CIE）など
	ニート若者向けの所得保障・伴走制度（Garantie jeunes）の枠を5割増加（10万→15万）
	雇用自立に向けた同伴契約経路（PACEA）の枠を8万追加
	職業紹介所（Pôle emploi）内における若者集中同伴（AIJ）の倍増
	スポーツ関連，動画関連の職に向けた同伴制度（Sésame）に3,000の追加枠確保

出所：フランス政府公表資料から筆者作成

を封じ，原案を維持したとされている）。[6]

3. 失業保険改革の取り扱い

　さらに，若年者雇用に関する調整を行っている1週間の間の7月17日に，カステックス新首相は失業保険改革を主な議題とする労使代表との会合に臨んだ。2019年7月の合意により予定されていた失業保険改革の項目と施行予

定日は**図表2-3**の通りであった。

●図表2-3　失業保険改革の項目と当初の施行（予定）日●

主な改革項目	当初の施行(予定)日
失業手当受給資格の厳格化 受給資格再取得の要件厳格化 高所得者への６ヵ月経過後の支給額の逓減制導入 自主退職者，自営業者の対象化	2019年11月１日
ポールオンプロワ（フランスのハローワーク）による失業者支援強化	2020年１月１日
失業手当支給額の厳格化	2020年４月１日
不安定な雇用契約を多用する企業に対する制裁金制度（ボーニュス・マリュス制度）の導入	2021年１月１日

出所：フランス政府公表資料から筆者作成

　失業保険改革は，受給資格や受給額を厳格化することにより就労インセンティブを強化するとともに，ボーニュス・マリュス制度[7]により雇用契約の長期化・質の向上を図ることを目指しているものと考えられる[8]。

　既にフィリップ前首相の下で，一定の緊急避難的措置（失業手当支給額の厳格化の施行を2020年９月へ延期，高所得者への支給額の逓減制について2020年５月末までの凍結）を決定していたが，７月17日の会議において，カステックス首相は，基本的に全ての改革項目を2021年冒頭まで再延期すると公表した。既に施行されていた受給資格の厳格化・資格再取得の要件厳格化についても，2020年８月１日から2020年末までは，原則として旧制度に復することとされた[9]。

4. 2020年夏前のフランス政府の対応に関する評価

　以上見てきたように６月４日の大統領主催の政労使全体会議においてアジェンダとして提示された３分野全てについて，フランス政府は１ヵ月半で一通りの回答を与えた形となった。部分的失業制度関連では，一般制度の縮小案を示しつつ，より柔軟で企業・産別の自治に委ねられる新制度APLDの内

容を決定し7月から迅速に施行したのである。若年者雇用支援については，17項目からなる総合的なパッケージを取りまとめ公表した。失業保険改革については，着任間もないカステックス首相のイニシアチブで施行時期の2021年1月1日への延期を決定した。

　当時は，第二波・第三波の到来がそれほど強く意識されておらず，夏に向けてフランス社会全体が明るい雰囲気に向かっている状況にあった。1年強が過ぎ，事後的に見てみると，公衆衛生状況・感染状況に関して楽観的見地に立ち過ぎていたと批判することも可能であるが，一方でコロナ危機発生から相当短期間のうちに，従来の労働市場改革の方向性・理念を守るためのパッケージをまとめ上げた数ヵ月であったとも評価できるのではないか。

　ここにはマクロン大統領の積極的な関与，就任直後のカステックス首相の精力的な調整の役割も大きかったと言えよう。

Ⅴ　2020年夏以降の頻繁な政策調整

　2020年夏前までの素早い動きと対をなすように，9月以降は感染再拡大，経済・雇用情勢の不透明感の高まりの中で，フランス政府は神経質とも柔軟とも受け取れる政策調整を迫られる。2020年第3四半期の失業率は9.0％まで上昇し，特に15歳〜24歳の失業率は前年同期から2.8％上昇するなど，雇用情勢の悪化が懸念された時期である（図表2-4）。以下，具体的に3分野についてどのような政策調整が進んだのかを見ていきたい。

1. 部分的失業制度等にかかる政策調整

　第一回ロックダウン終了直後，一般制度における政府助成割合を85％に引き下げたところまでは順調に緊急対応からの出口戦略の軌道に乗っているように見えた。

　しかし夏が終わる頃から，徐々に「出口戦略からの後退」をフランス政府は余儀なくされる。まず，カステックス首相が8月26日に開催された定例のMedef（フランスの経営者団体）夏季セミナーに登壇し，一般制度の政府助

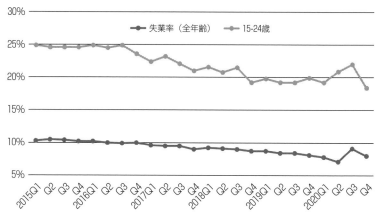

●図表2-4　フランス（全土）の失業率の推移●

出所：フランス国立統計経済研究所（INSEE）

　成割合を85％から60％へと引き下げる時期を1ヵ月遅らせて11月1日からにすると公表した。

　これに合わせる形で，7月から施行されていたAPLDについて，労使合意が10月1日以降であっても政府助成割合を（80％に引き下げるのではなく）85％に維持することとした。一般制度とAPLDの両制度は一時帰休状態に置かざるを得ない労働者に係る労働コストを政府が助成するという意味では政策目的を共有する。しかし，APLDは企業別・産別の交渉・合意という自治の中で企業活動の一時的低下に関する最適解を見出すより柔軟な制度と考えられる。新内閣の下で労働雇用社会参入担当大臣（以下，労働大臣）に着任したボルヌ（Élisabeth Borne）大臣もル・フィガロ紙のインタビューにおいて，緊急避難的な一般制度と，労使対話を通じた中期の企業活動に関するビジョン共有の枠組みとしてのAPLDを対比させている[10]。政府としては一般制度ではなくAPLDの利用を促していくために，10月以降，政府助成割合を差別化する方針だったと考えられる。一般制度に係る政府助成割合の引き下げ時期が先延ばしになったため，「政府助成割合の逆転現象」を避ける観点から，APLDも制度の駒を次に進めることができなくなったことを意味し

よう。

　次なる「政策調整」は9月下旬に生じた。最大警戒ゾーンに色塗りされた
マルセイユ市等において，レストラン・バーの休業措置等が講じられた際，
地元から大きな反発が生じた。こうした反発の声に対応する観点から，政府
は部分的失業制度の拡充を含む小規模な対策パッケージを公表する。ホテル・
レストラン・カフェ・観光・イベント・スポーツ・文化セクター（以下，特
定セクター）の企業について，12月31日まで一般制度，APLDを利用する場
合に100％政府助成の対象とするとした。政府助成割合の引き下げを目指し
ていただけに，全額助成の世界に戻らざるを得ない状況は，「時計の針を戻す」
形となったと捉えられよう。

　その後，新型コロナウイルス感染の長期化が見られる中で，特定セクター
にかかる100％助成，特定セクター以外にかかる85％助成について適用の延
長や適用範囲の拡大を繰り返した。一方で，**図表2-5**に見るように，政府助
成割合引下げのスケジュールは示しており，2021年9月段階ではこれに沿っ
て段階的に助成割合を引き下げてきている[11]。

●**図表2-5　部分的失業制度にかかる政府助成割合の引き下げスケジュール**●

		企業から従業員への補償（注）	企業補償分に対する政府助成割合
〜2021年5月末	・特定セクター ・行政措置による閉店対象等	70%	100%
	・その他	70%	85%
2021年6月	・特定セクター ・行政措置による閉店対象等	70%	100%
	・その他	70%	75%
2021年7月	・行政措置による閉店対象等 ・特定セクターのうち，売上8割以上減 ・子や脆弱者の監護などのために勤務継続困難な被用者の雇い主	70%	100%
	・上記以外の特定セクター	70%	85%

	・その他		60%	60%
2021年8月	・行政措置による閉店対象等 ・特定セクターのうち，売上8割以上減 ・子や脆弱者の監護などのために勤務継続困難な被用者の雇い主		70%	100%
	・上記以外の特定セクター		70%	75%
	・その他		60%	60%
2021年 9月・10月	・行政措置による閉店対象等 ・特定セクターのうち，売上8割以上減 ・子や脆弱者の監護などのために勤務継続困難な被用者の雇い主		70%	100%
	・その他		60%	60%
2021年11月 以降	・子や脆弱者の監護などのために勤務継続困難な被用者の雇い主		70%	100%
	・その他		60%	60%

注：グロス給与（法定最低賃金の4.5倍が上限）に対する補償割合。
出所：フランス政府公表資料から2021年7月段階のものとして筆者作成

2. 若年者雇用支援にかかる政策調整

　若年者雇用支援については，2020年夏前のパッケージ取りまとめの際の方向性が比較的よく機能していると言えよう。

　他の2つの分野とは異なり，足元の雇用下支えと就労インセンティブ確保等との間の短期的なトレードオフが存在しない点が，若年者雇用支援の効果発揮を容易にしている面もあろう。

　それでも，第二回ロックダウンの後も各種制限措置が残ることが公表された2020年11月下旬のタイミングで，以下のような財政支出を伴う施策が，「若者一人ひとりに解決を」計画の強化策として公表された。

　①　制度のすき間に落ちる若者に対する緊急手当の創設。若者集中同伴（AIJ）や管理職雇用促進協会（APEC）の同伴制度を利用している若者，元奨学生で卒業済みの若者などが対象。

② 雇用自立に向けた同伴契約経路（PACEA）関連手当の強化。受給額の年間上限の倍増。

③ 職業訓練の研修生（stagiaires de la formation professionnelle）の報酬に関する引き上げ（7月に公表済み。月額300→500ユーロ）の対象拡大の検討。

④ ニート若者向けの所得保障・伴走制度（Garantie jeunes）の受給者目標を上方修正（7月のパッケージでは5割増としていたところを「倍増」）。

2021年3月には，25歳以下の若年者雇用支援の補助金（年4,000ユーロ）の申請期限の2021年5月末まで（ただし4月からは上限を法定最低賃金の1.6倍に引き下げ）の延長を決定した。見習実習生の雇用支援（成年：年8,000ユーロ，未成年：年5,000ユーロ）については，2021年9月に2022年6月末までの継続を公表している。

これらの施策の成果として，フランス労働省は以下のような数字を2021年7月に公表している。

① 若年者雇用支援の補助金に関して，2020年の制度開始以降，2021年5月末の制度終了までの間に52万件の申請があった。こうした受給効果もあり，2020年8月から2021年5月にかけての若年者雇用（CDIと3ヵ月以上の有期雇用契約（CDD））は180万件成立と，コロナ危機前の水準と比較して遜色ない水準となっている。

② 見習実習に関しては，パッケージの効果もあり，2020年における契約成約は52.6万件となっている。過去最高水準をマークした2019年の水準（35.4万件）から42％増となっている。

③ 2020年7月以降，35万人の16歳～30歳の若年者が職業訓練を開始しており，そのうち9万人程度相当分はIT，医療等の戦略分野における職業訓練となっている。

④ このほか，2020年8月から2021年5月の間に，雇用自立に向けた同伴

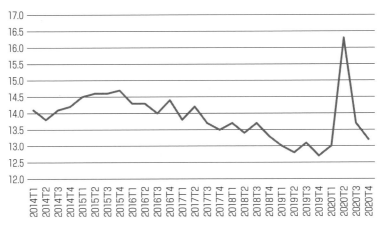

●図表2-6　フランスにおけるニート割合（15歳〜29歳）の推移（%）●

出所：INSEE

契約経路（PACEA）について38万件，若者集中同伴（AIJ）について
20万件，ニート若者向けの所得保障・伴走制度（Garantie jeunes）に
ついて12.1万件が成立するなど，各種セーフティネットが機能した結果，
80万件程度の社会算入経路が成立した。

　短期的には軌道に乗っているように見える若年者雇用支援であるが，若年
層における高失業率，労働スキルの低さなどマクロン政権前半において取り
組んだ中期的課題の解決にもつながっていくのか引き続き注視が必要である。
また，財政的にも，本章のⅣ2で見た通り70億ユーロ規模でスタートしたが，
2021年7月段階では90億ユーロ規模に増加しており，補助金を伴う就労支援
をどのような時間軸，どのような規模で継続するのかも課題であろう。

3. 失業保険改革にかかる政策調整
　失業保険改革については2019年の改革案取りまとめ段階で，受給資格・受

給額の厳格化については労働組合側から，ボーニュス・マリュス制度については経営側から，それぞれ強い反発が存在した[12]。コロナ危機の進展と失業増加の兆候とともに，労使双方から改革の見直しや，さらには改革全体の放棄を求める声が再び上がり始めていた[13]。

　そのような中，2020年8月のMedefの夏季セミナーにおいてカステックス首相は，失業保険改革は良い改革であるとの認識を述べ，改革の放棄を否定した。

　9月末には，ボルヌ労働大臣が政労使会議を開催し，失業保険改革も議題となった。7月の施行延期に加えた「さらなる（譲歩）措置」が失業保険改革についても政府側からなされると報道などでは予想されはじめた。経営側はボーニュス・マリュス制度を2022年まで先延ばしするよう，また労働組合側は失業手当受給資格の厳格化の改革項目を廃止するよう，それぞれ要求したとされるが，労働省は新聞の取材に対して，「制度哲学までさかのぼることはなく，パラメータをいじる程度だ」と答え，過度な期待を招かないように予防線を張っている[14]。

　ボルヌ労働大臣自身も10月に入りル・フィガロ紙のインタビュー[15]において，失業保険改革は，「最良の質の雇用を提案するよう企業にインセンティブ付けするとともに，就労が必ず失業よりも報いられるよう求職者にインセンティブ付けをするためのもの」で，「改革の原則を撤回するつもりはない」としつつも，「現実的でもあるべきだ。改革に含まれるいくつかのパラメータについては，経済危機の影響が及ぼす負の影響を限定するように調整する必要があるかもしれない。」と述べている。

　これに対して主要5労組側は，10月14日にカステックス首相宛ての共同書簡を策定し失業保険改革の単なる「放棄」を要求している。第二回ロックダウンが不可避となってきた10月26日，カステックス首相が労使代表を集めた全体会議を開き，失業保険の制度改正の施行時期をさらに2021年4月1日にまで再延期する。

　こうした動きの中，国務院（Conseil d'Etat）が11月25日の決定で，4つの改革項目のうち2つにかかる項目の無効を判示した。この決定は複数の労

働組合からの訴えに基づくものだった。無効と判示された第一の項目は受給額の厳格化に関するものである。従来，失業手当の受給額は，受給前に働いていた日の賃金のみを考慮して決定されていたが，改革後は月平均の賃金が基準となる。短期の就労と就労しない時期を交互に繰り返す労働者（permittents）の就労インセンティブを引き出そうとする改正内容だった。改革後の制度下では同じ労働時間，同じ賃金水準の2人の労働者であっても，就労時期が分散しているか連続しているかなどによって受給額の差が生じる点が不合理とされた[16]。第二の項目は，ボーニュス・マリュス制度に関するものである。こちらは法形式に関する判示で，制度の基準についてアレテ（省令）で定めているもののうちに，デクレ（政令）で定めるべき類のものがあるという理由で無効とされた。受給資格の厳格化や高所得者への支給額の逓減制などについては有効とされた。ボルヌ労働大臣はプレスリリースを出し，2021年3月までに労使との対話を通じて，改革の哲学と特別な状況への配慮

●図表2-7　失業保険改革に関する政府裁定●

主な当初の改革項目	政府の裁定
失業手当受給資格の厳格化 受給資格再取得の要件厳格化	労働市場の回復にかかる指標を施行条件として設定： イ）直近6ヵ月にカテゴリーAの失業者数が13万人以上減 ロ）一定要件を満たす採用の数が直近4ヵ月間で270万人超 ※施行デクレが公示される4月1日を起点とするため，実際に改正が施行されるのは早くても10月以降
高所得者への6ヵ月経過後の支給額の逓減制導入	8ヵ月経過後からの逓減の制度として，2021年7月1日から施行。上記イ），ロ）の条件が満たされて以降は，本来の6ヵ月経過後からの逓減とする。
失業手当支給額の厳格化	2021年7月1日からの施行とする。 激変緩和の観点から手当計算に当たって減額要因として算入する対象期間中の未就労期間について算入上限（就労期間の75％）を設定。
不安定な雇用契約を多用する企業に対する制裁金制度（ボーニュス・マリュス制度）の導入	2021年7月1日から参照期間開始（制裁金の最初の発動は2022年9月） 危機の影響が大きい，あるいは行政措置の対象となった企業には経過措置を設ける。

出所：フランス政府公表資料から筆者作成

を両立させる回答を出すとコメントした。

　年明けの2021年1月下旬以降，主にボルヌ労働大臣と労使との間で政労使の話し合いが繰り返された。その後各種の調整を経て，3月2日に，労使側に最終的な政府譲歩案を裁定という形で提示した（3月30日には対応するデクレが公表されている）（**図表2-7**）。

　これに対して，2021年5月，複数の労働組合が協働して再度国務院に失業保険改革の差止め請求を提出，これを受けて6月には国務院は，失業手当支給額の厳格化にかかる部分についてのみ差止めの判断を下している。ただし理由は，労働市場の条件が十分に整っていない，という外生的なものである。今後，国務院が改革内容に関する実体判断にまで踏み込んで政府に再考を促すこととなるのか，注目される。

Ⅵ　おわりに

　労働市場改革について，マクロン政権は5年任期の前半で，内容においても速度においても一定の成果を上げてきた。労働市場に柔軟性を加えつつ，雇用の質・量を向上させようという意欲的な取り組みだったと言える。2020年3月以降，フランスもコロナ危機に見舞われ，経済雇用情勢が悪化する中で，主に部分的失業制度に代表されるような，足元の雇用関係を一時凍結する緊急対応策をとることを迫られた。

　この時点で，これまでの労働市場改革をまるごと棚上げすることもあり得たが，マクロン大統領のイニシアチブもあり，フランス政府はむしろこれまでの改革路線をどのように速度調整するかという論点に取り組んだ。

　第一のフェーズは，第一回ロックダウンの解除直後から展開する。フランス政府は，部分的失業制度からの脱却戦略，若年者雇用支援策，失業保険改革の施行延期というパッケージを迅速に取りまとめた。ロックダウンから解き放たれ，夏に向けて感染症も経済も状況が改善していくのではないかという楽観が広がっていた時期とは言え，このスピード感は賞賛に値しよう。これらの施策は，この危機時にあって，従来の労働市場改革の路線にいち早く

戻り，その目指していたゴールを見失わないようにする努力であったように思える。

　第二のフェーズは，2020年夏のバカンスが明け，フランスが感染症の第二波・第三波に襲われていく過程と符合する。第一のフェーズで取りまとめた政策パッケージを維持しようとしつつも，感染状況，経済雇用情勢の悪化に対応する観点から，政府はこまめに政策調整を行っている。これを「柔軟な対応」と考えるか「場当たり的な対応」と考えるかは見方が分かれよう。

　外形的・事後的に見ると，特に部分的失業制度関連では政府の対応が場当たり的に見える側面もある。一方，政府助成割合を高率に維持する措置は延期を重ねつつも，常に引き下げの具体的な内容・スケジュールを示し続けており，出口に向けた意欲は衰えていない。

　失業保険改革に関しては，改革の実体的中身にはさわらないというフランス政府の大戦略は首肯できるものがある。核心は，受給資格・受給額の厳格化を最小の「パラメータ」修正によって施行できるか，ボーニュス・マリュス制度を現案通り施行できるか，辺りにあるように思われたが，2021年3月の裁定は「パラメータの修正」と言えるものの範囲内に収まるものと評価できるのではないか。国務院を巻き込んで労働組合との対立は継続しており，その帰趨が注目される。

　危機発生時において，一定の痛みを伴い，あるいは財政問題が絡まる，実行中の中期的改革路線をどのように取り扱うかは，どの危機においても，どの国においても悩ましい問題である。感染症の状況，経済の状況に関して視界が完全に晴れるまでには今しばらくかかるであろう。そのような中で，労働市場改革に関するフランスの対応について，あえてここから行政的・政治的教訓を引き出すとすれば，以下のような点が挙げられるのではないか。

①　危機時に生じた論点とこれまでの改革テーマの重複分野について，総合的・俯瞰的にアジェンダセッティングをする。
②　短期的対応に埋没せず緊急対応策からの出口戦略を見据える。
③　従来の中期的な改革路線のゴールを見失わず，中期的にその路線に復

する道筋を念頭に置く。

　部分的失業制度の実施とその脱却スピード，若年者雇用支援のパッケージ
と財政的手当の展開，失業保険改革の各種の施行がフランスの経済雇用情勢
に中期的スパンでどのようなインパクトを与えるのかなど，大いに関心を引
くものであり，引き続き注視が必要と考えられる。

注

1　https://www.lefigaro.fr/conjoncture/pour-les-economistes-l-urgence-n-est-pas-a-la-relance-20200503〔2021年7月13日最終アクセス〕.
2　この他，海外派遣労働者の問題もアジェンダとして提示されているが紙幅の関係上割愛する。
3　https://www.medef.com/fr/actualites/reunion-des-partenaires-sociaux-a-lelysee-une-rencontre-constructive〔2021年7月13日最終アクセス〕.
4　https://www.ag2rlamondiale.fr/nous-connaitre/toutes-nos-actualites/l-activite-partielle-de-longue-duree-apld-entre-en-vigueur-a-partir-du-1er-juillet〔2021年7月13日最終アクセス〕.
5　対象となる雇用形態はCDIと3ヵ月以上のCDDである。補助は，「企業の社会保険料負担の補償」という形で社会保障機関から採用企業に支払われ，結果的に企業の採用コストを引き下げることが狙い。なお，中小企業・小規模事業者であって経済モデルのエコロジー転換にかかる業種については補助が倍となる。
6　2020年7月23日付レ・ゼコ紙，https://www.lesechos.fr/economie-france/social/emploi-des-jeunes-65-milliards-deuros-pour-tenter-deviter-une-generation-malchance-1225850〔2021年7月13日最終アクセス〕.
7　失業保険の企業負担分の保険料率について4.05％を平均的企業の率としつつ，労働契約の長短などの内容に応じて3％と5％の間で変動させるもの。対象となる企業は，従業員11人以上の以下の7つのセクターの企業。
　・飲食料品製造業，タバコ製造業
　・輸送業，倉庫業
　・宿泊業，レストラン業
　・製材業，製紙業，印刷業
　・ゴム・プラスチック製品製造業，非金属の無機物製造業
　・水製造・流通業，下水処理業，廃棄物管理業，汚染物浄化業
　・他の特殊・科学・専門分野
8　失業保険改革については，労働市場改革としての側面と同時に失業保険の財政状況の改善も意図された改革だった。失業保険の財政主体である失業保険管理機構（Unédic）に収支改善がもたらされ，改革着手の2年後（2021年）には黒字化が達成されると見込まれて

いた。結局は，その後コロナ危機の影響を受ける形で，2019年の改革案策定時期のシナリオから大きく乖離し，短期での黒字化の展望は消えている。2021年6月にUnédicが収支予測を公表し，2020年の収支は174億ユーロの赤字，累積赤字も2019年末時点の368億ユーロに対して2020年末には546億ユーロ，2021年末には666億ユーロへと増える見込みとした。

9　2020年7月23日付のレ・ゼコ紙の報道によれば，この改革の中断については，受給資格に関し旧制度の「直前28ヵ月に4ヵ月働いていること」を改革後は「直前24ヵ月に6ヵ月働いていること」とする予定であったところ，中断期間は「直前24ヵ月に4ヵ月働いていること」とする折衷的なものだったことから労働組合が反発する，という小競り合いも見られたようである。労働省は「ポールオンプロワのシステムの制約を勘案しつつ，旧制度に可能な限り近づけた」と説明することでこの折衷案を維持しているとされている。

10　https://www.lefigaro.fr/social/elisabeth-borne-c-est-le-role-de-l-etat-de-proteger-l-emploi-et-les-entreprises-20201009〔2021年7月13日最終アクセス〕

11　新制度APLDの利用状況は，2021年4月2日付のル・フィガロ紙の報道によれば，企業別で1.1万件程度の合意成立，64万人の被用者がこの枠組みに入ったとされている。また，産別でも46件の合意成立，潜在的には500万人超の被用者をカバーするとされている。

12　https://www.medef.com/fr/communique-de-presse/article/fin-de-la-negociation-relative-a-lassurance-chomage-seance-du-20-fevrier-2019; https://www.cgt.fr/comm-de-presse/assurance-chomage-mobilisation-le-26-juin-paris-et-en-territoire; https://www.cfdt.fr/upload/docs/application/pdf/2019-02/com_12_-_assurance_chomage.pdf〔2021年7月13日最終アクセス〕.

13　https://www.medef.com/fr/actualites/reunion-des-partenaires-sociaux-avec-le-premier-ministre-un-dialogue-tres-direct-et-tres-franc; https://www.cgt.fr/sites/default/files/2020-06/[CP%20CGT]%20Presque%20un%20million%20de%20ch%C3%B4meurs%20en%20plus%20fin%202020.pdf; https://www.force-ouvriere.fr/assurance-chomage-la-suspension-de-la-reforme-doit-porter-aussi?lang=fr〔2021年7月13日最終アクセス〕.

14　https://www.lefigaro.fr/conjoncture/sur-le-front-de-l-emploi-le-gouvernement-adapte-en-temps-reel-sa-politique-anticrise-20200930〔2021年7月13日最終アクセス〕.

15　https://www.lefigaro.fr/social/elisabeth-borne-c-est-le-role-de-l-etat-de-proteger-l-emploi-et-les-entreprises-20201009〔2021年7月13日最終アクセス〕.

16　この国務院の決定に対しては，早速批判が上がっている（2020年12月4日付レ・ゼコ紙へのPierre CahucとStéphane Carcilloの寄稿（https://www.lesechos.fr/idees-debats/cercle/opinion-assurance-chomage-ou-est-vraiment-la-disproportion-1271073））。すなわち，この寄稿によれば，改革案は失業給付に入る前の平均月収を正当に評価しようとするものである。国務院の決定は，例えば，全営業日フルタイムで4ヵ月働く者と，週1日だけフルタイムで20ヵ月働く者を比較したとき，改革案では前者が5倍の手当を受給することを問題視しているが，この較差は「平均月収」の補償という失業保険の考え方からすれば正当化される，とする。その上で，同寄稿は，月のうち1週間だけフルタイムで働くCDDを2年間経たような労働者が失業保険に登録するだけで2倍の収入を手にできるような現行制度にこそ問題があったのだ，国務院の決定はこうした不合理を永続化しかねない，と批判している。

参考文献

Banque de France（2020）*Projections Macroéconomiques France 14 décembre 2020*, Banque de France.

Beatriz, M., A. Marrakchi, S. De Waroquier and P. Parlan（2018）Ralentissement de la productivité du travail et prévision de l'emploi en France, *INSEE Note de conjoncture Juin 2018*, INSEE.

Brandt, N.（2015）La formation professionnelle au service de l'amélioration des compétences en France, *OECD Economics Department Working Papers*, No.1260, OECD.

Cahuc, P. and C. Prost（2015）Améliorer l'assurance chômage pour limiter l'instabilité de l' emploi, *Les notes du conseil d'analyse économique*, Vol.24, pp.1-12.

Carcillo, S., A. Goujard, A. Hijzen and S. Thewissen（2019）Assessing recent reforms and policy directions in France: Implementing the OECD Jobs Strategy, *OECD Social, Employment and Migration Working Papers*, No.227, OECD.

Catherine, S., A. Landier and D. Thesmar（2015）*Le marché du travail : La grande fracture*, Institut Montaigne.

Gautier, E., S. Roux and M. Suarez-Castillo（2019）Rigidités nominales et réelles des salaires en France : Quel rôle des accords collectifs?, *La Chaire de Sécurisation des Parcours Professionnels Working Paper*, 2019-07b.

Goujard, A., A. Hijzen and S. Thewissen（2019）Améliorer les performances du marché du travail en France, *OECD Economics Department Working Papers*, No.1559, OECD.

INSEE（2020a）*Informations Rapides N° 2020-203*, INSEE.

INSEE（2020b）*Informations Rapides N° 2020-227*, INSEE.

INSEE（2020c）*Note de conjoncture décembre 2020*, INSEE.

JILPT（2019）「フランス労働法改革の意義と労使関係への影響」独立行政法人労働政策研究・研修機構JILPT資料シリーズNo.211.

L'Horty, Y., P. Martin and T. Mayer（2019）Baisses de charges : stop ou encore?, *Notes du conseil d'analyse économique*, Vol.49, pp.1-12.

OECD（2017）*Obtenir les bonnes compétences: France*, OECD.

※本章の内容は筆者の個人的見解であり，所属組織の見解を示すものではない。

大来 志郎

新型コロナ危機と経済，企業，グローバルビジネス

Ⅰ　はじめに─グローバル化時代とパンデミック

　人類の歴史は感染症との闘いの歴史でもある。古くは紀元前から見られた天然痘や，中世ヨーロッパで大流行した黒死病（ペスト）が知られる。20世紀に入ると，第一次世界大戦末期にスペインかぜが大流行，その後も香港かぜ，エボラ出血熱，HIV/AIDS（後天性免疫不全症候群），鳥インフルエンザなどに見舞われた。今世紀以降も，SARS（重症急性呼吸器症候群）やMERS（中東呼吸器症候群）など，ヒトコロナウイルスによる感染症が流行している。

　今日の新型コロナウイルス感染症（COVID-19）においては，WHOのパンデミック宣言から1年後の2021年3月11日現在で，世界の感染者数は1億1,832万人，死亡者数は262万人に上っている[1]。この数字が今後どこまで伸びるかはわからないが，死者の数では，中世ペスト（推定5千万〜1億人）やスペインかぜ（4〜5千万人）にいまだ遠く及ばない。当時（それぞれ4.5億人と19.6億人）と現在（77億人）の世界人口の差を勘案すればなおさらである。死者数を感染者数で除した致死率は2.2％で，日本国内の季節性インフルエンザの推定致死率0.1％の20倍以上だが，AIDS（42％）やMERS（34％），SARS（9.6％）と比べればかなり低い。感染確認に至らない無症候者が多いことを考えると，致死率はさらに下がりそうだ。

　こうして見ると，大騒ぎしているわりには，COVID-19は特別恐ろしい感染症ではないようにも見える。しかし過去に類を見ない驚異的なペースで感

染が拡大し，その範囲は広域に及んでいる。2020年1月に中国・武漢で起きた最初の感染流行は，わずか2～3週間ほどでアジア，欧州，そして北米へと次々に飛び火し，中南米，アフリカにも広がっていった。北極圏から太平洋の孤島，南極大陸（チリ軍オヒギンズ基地）も含め，地球上でこのウイルスの感染から免れた場所は存在しないほどである。それに比べれば，歴史上大流行した感染症はいずれも，被害は特定の地域あるいは集団に限定的で，感染が他国に広がる速度も緩慢であった。COVID-19はまさに，人が国境を超えて自由に移動するグローバル化の時代の産物であり，地球規模での世界同時流行という，真の意味でのパンデミックと言える。人類はこれまでに経験したことのない挑戦を受けているとしても過言ではない。

　他の諸章でも書いているように，新型コロナ危機は我々の世界を一変させた。本章では，COVID-19が経済と企業，そしてグローバルビジネスに与える影響について，特にパンデミックである点に着目しながら考えてみたい。

Ⅱ　コロナ禍がもたらした経済危機

　COVID-19パンデミックは生命の危機であるとともに，経済や企業活動にも深刻なダメージを与えている。感染者や濃厚接触者の隔離，感染防止のためのソーシャル・ディスタンシングにより，多くの国で，経済活動を止めたり大幅に制限したりする必要に迫られた。その結果，生産と供給が急激に落ち込む，負の供給ショックをもたらした。

　ロックダウンに踏み切ったフランスでは，2020年3月15日から，人が集まりやすい場所が軒並み閉鎖された（序章参照）。食料品や医薬品などの生活に欠かせない商品を扱う店を除いて，レストラン，カフェ，バーなどの飲食店，百貨店，ブティック，ショッピングモール，映画館，美術館，テーマパークなど，ほぼ全ての商業活動が停止した。オフィスの業務は原則テレワークが義務付けられたが，コミュニケーションの制約により対面の業務を完全には代替できず，生産性の低下を招いた。テレワークができない職場では，衛生対策の徹底と[2]，ローテーション出勤による対人接触の削減が必須となり，

大幅なコストアップを余儀なくされた。工場の製造現場はそもそもテレワークがなじまないため閉鎖されることはなかったが，衛生基準を満たすための製造ラインの見直しで稼働率が低下した。自身が感染することへの恐れと，学校が閉鎖されたために家にいる子供の面倒を見る必要から，出社拒否する労働者も少なくなかった。農業が受けた打撃も大きい。作付け・収穫作業を東欧や北アフリカからの季節労働力に大きく依存していたフランスでは，入国制限により人手不足に陥り，野菜や果樹，畜産の生産が落ち込んだ。

　フランスのロックダウンは5月11日に一旦解除されるが，すぐには大型商業施設やイベントの再開は認められず，移動距離の制限，テレワークも継続された。また感染状況を見ながら地域ごとに異なるスピードでの段階的な制限解除となったため，特に状況が深刻なパリでは飲食店の再開は6月以降にずれ込んだ。農業分野の人手不足を解消するため，都市部の失業者20万人を農業や関連産業に動員するべく農業・食料省が人材マッチング事業に乗り出したが，地域間の人の移動が制限されたこともあり，期待した効果を上げられなかった[3]。このように長期にわたって企業活動が制限される間に，休廃業や倒産に追い込まれた事業所や企業は少なくない。

　フランスより感染者・死者数が1桁少ない日本でも，2020年4月7日に大都市に発出された緊急事態宣言が順次全国へと拡大，5月25日の全面解除まで1ヵ月半続いた。緊急的な措置の内容や範囲は各都道府県知事の判断に任されたが，基本は，飲食店やナイトクラブなどへの時短営業や休業の要請と，大規模イベントの延期や中止要請であった。また出勤者数の7割削減目標とともにテレワークも推奨された。日本の緊急事態宣言には，フランスのロックダウンのような罰則を伴う命令とは異なり強制力はないものの，日本特有の同調圧力や自粛警察が効いたのか，多くが要請に従った。ただしテレワークの実施は，地域や業種によっても差はあるが，目標には届かなかった（内閣府 2020）。日本の農業現場でも外国人技能実習生が来日できず，人手不足が顕在化した。

　経済へのダメージの第二は，需要サイドのショックである。ソーシャル・ディスタンシングは労働者の生産活動への参加だけでなく，消費行動も妨げ

た。2020年3月17日から外出禁止令（コンフィヌマン）が発令されたフランスでは，生活必需品の購入のための1日1回，短時間の1人外出しか認められなかったため，それ以外の製品やサービスに対する多くの需要を消失させた。外出自粛や三密回避など，市民への行動変容の要請という緩やかな措置にとどまった日本でも，外食・娯楽・旅行関連消費の大幅な落ち込みが見られた。また日本でもフランスでも，政府による公衆衛生介入（NPI）に加えて，消費者自身の感染への恐れや変異株が相次ぎ登場する中での不安心理によっても需要は冷え込んだ。個人消費だけでなく，業績悪化や将来の不確実性を背景として，企業の設備投資も低迷した。

　需要ショックの影響を特に強く受けたのが旅行業界である。世界中で人々の移動が厳しく制限されたため，航空，鉄道，宿泊業などは，まさに「蒸発」と呼ぶにふさわしい需要激減に直面した。とりわけ出入国管理の強化による事実上の国境封鎖の影響を諸に受けた国際線航空旅客の落ち込みは凄まじい。IATA（国際航空運送協会）によると，加盟航空会社の有償旅客輸送距離（RPK）は2020年4月に前年同月比98％減を記録，2020年の通年でも66％減と，壊滅状況であったことがわかる[4]。世界最大の観光都市パリではインバウンド旅行客がほぼ完全に消滅し，ほとんどのホテルが休業に追い込まれた。地方のホテルでも，国内の移動制限が緩和された夏には国内のバカンス客で一時的に盛り返したが，秋以降は低迷した。旅行業界の需要の消失は日本も同様で，観光庁の調査によると，2020年の国内の延べ宿泊者数は前年比半分程度にとどまった[5]。こうした事態に対処すべく日本政府は2020年秋からGo Toキャンペーンを開始したが，感染拡大に伴い年末に中断に追い込まれた。

Ⅲ　コロナ危機の特異性

1. 負の需要ショックと正の需要ショック

　今回のコロナ危機には，過去の経済危機とは性質を異にするいくつかの特異性がある。第一に，上で見たように外食・娯楽・旅行などが激しい負の需要ショックに晒された一方で，ソーシャル・ディスタンシングの影響を受け

ずに需要がほとんど減少しなかった業種や，代替需要が拡大して，むしろ正の需要ショックが生じた業種がある。例えば，インターネット通販，ライブコマース，オンライン娯楽サービスなどは，リアル店舗でのモノやコトの消費に代わって需要が大幅に拡大した。飲食店の休業や時短営業の煽りで取引先の食品卸や酒類・食材メーカーが売上を減らしたのに対し，食品小売業や飲食デリバリーサービスの利用は拡大した。

　同じ業界の中でも業態やセグメントによって対照的な影響が出ている。小売業では百貨店が売上を大きく落としたのに対し，専門量販店は伸びている。企業活動の停滞でビジネス向け貨物自動車運送業の需要は低下したが，オンライン消費の拡大により宅配貨物運送業の需要は大幅に増加した。医療サービスでも，コロナ感染を恐れて不要不急の一般診療が敬遠されたのに対し，PCR検査や感染患者の受け入れ・入院などのコロナ関連サービスの需給逼迫が続いている。

　品目や時期によっても違いが生じている。スーパーやドラッグストアでは，初期の感染拡大期には缶詰やカップ麺，パスタなどの保存食品や，マスクや手指消毒剤などの日用品で，不安に駆られた消費者の買い占め行動により一時的に需要が急伸する，言わば「コロナ特需」が起きた。その後は「巣ごもり消費」の定着で内食・中食需要に支えられ，生鮮食品や調味料を中心に需要拡大が続いた。家電や自動車などの耐久消費財はパンデミック直後には需要が大きく落ち込んだが，その後は「リベンジ消費」で急回復している。

2. 需要の構造的変化

　第二に，需要ショックが需要の量的な増減にとどまらず，顧客ニーズの変化によって質的にも変容している。需要の減少だけであれば，コロナが収束して景気が回復すれば元に戻る。しかし顧客ニーズの変化が背後にあると，需要は長期的に回復しないかもしれない。

　例えば，テレワークやビデオ会議の普及により移動を伴わない働き方が定着すれば，これまで法人需要で支えられてきた旅客輸送業や，接待用の高級レストランやバー，出張者向けのホテルは，将来にわたって多くの顧客層を

失うであろう。国際旅客数の激減により未曾有の経営危機に直面した航空各社は，路線集約や機材の売却，従業員の配転や削減[6]，賃金カット，貨物輸送へのシフト等の経営努力で現下の苦境を凌ごうとしている。人が元来，未知なる世界への好奇心に駆られて移動するホモ・モビリタスだとすれば，リアルな体験としての旅の価値は損なわれないため，個人客はいずれ戻るかもしれない。しかしオンライン化が進んでビジネス需要がコロナ前の状況に戻らないとすれば，高イールド（座席当たり収入単価）のビジネス客に依存してきたこれまでのビジネスモデルの抜本的な見直しが必要となるであろう。

　需要の構造的変化は，序章でも述べた我々の生活と行動様式のニューノーマル，あるいは価値観の変容と関わっており，他にも多くの産業で起きつつある。アパレルでは，外出自粛や在宅勤務でおしゃれ着やビジネスウェアに対するニーズが減退する中で，シーズンやTPOに関係なく着られる普段着に需要がシフトしている。収入の減少や先行き不安から，消費行動はモノの所有から利用や体験で得られる価値へと変化し，アパレル，自動車，外食，娯楽，宿泊など様々な産業でシェアリングエコノミーが拡大，サブスクリプション型のビジネスモデルも伸びている。上で述べた正負の需要ショックのまだら模様は，この需要の変質を反映している部分が少なくない。

3. 需要と供給の複合ショックと負のスパイラル

　COVID-19危機の第三の特異性が，需要と供給の2つのショックが同時に起きている点である。これまでの経済危機が純粋な需要ショック（世界金融危機）か，あるいは供給ショック（オイルショック，大規模自然災害）のいずれか一方であったのに対し，今回の危機は両ショックの側面を併せ持っている。例えば飲食店や商店の営業禁止や時短営業，各種イベントの中止は供給ショックであるが，外出や移動の制限，あるいは感染リスクや将来不安で消費者の足が遠のくのは需要サイドのショックである。

　両者はまた，相互に影響し合い，増幅する関係にもある。ソーシャル・ディスタンシングによる休業や倒産（供給ショック）で，労働者の所得が減少すると，消費が低迷する（需要ショック）。その際，供給ショックの直接の

影響を受けなかった業種の需要も減るため，需要ショックは増幅されることになる。逆に，需要ショックが供給ショックの引き金となり，それをさらに悪化させるという側面もある。需要の急減で休業が長引いたり倒産に追い込まれたりして，供給能力が奪われるからである。

　既に見たように航空旅客需要の激減に直面した航空業界では，運行便数の削減や機材の処分，人員の削減に追い込まれた。その結果，旅客輸送だけでなく，貨物の輸送能力も大きく損なわれた。この需要と供給の連鎖ショックは，さらには，需要の構造的変化をも生み出しつつある。国際線の運行便数は2020年第2四半期以降7～9割減にまで減少したが，それによる世界全体の3分の1にも相当するCO_2削減効果に改めて注目が集まった[7]。近年，ESG投資やSDGsへの関心の高まりに見られるように，地球温暖化や気候変動問題への社会的な取り組みが活発化しているが，航空業界を襲った需要と供給ショックは移動を伴わないビジネス慣行への移行をさらに不可逆的なものとする可能性がある。現に，スウェーデンの少女グレタ・トゥーンベリさんの環境運動で話題となった「フライトシェイム（飛び恥）」は，コロナ禍で，北欧から欧州全域へと着実に広がりつつある。フランスでは，こうした需要の構造変化に呼応する形で短距離航空路線を廃止して，鉄道等の代替輸送手段にモーダルシフトする動きが始まっている[8]。

　正の需要ショックが負の供給ショックにつながったケースもある。感染者の急増で医療サービスの需要が急増し，感染症指定病院や老人介護施設を中心に，医師や看護・介護スタッフ，病床，医療機器の不足が露呈した[9]。その煽りでコロナ以外の患者の治療や入院・手術が延期され，過酷な労働環境で離職したりコロナに感染して亡くなったりする医療関係者も多数発生して，世界中の国々が医療崩壊の危機に晒された。

　第一次世界大戦の戦死者1,600万人に加え，働き盛り世代を中心に4,000万人以上の命を奪ったスペインかぜに比べれば，COVID-19パンデミックの死亡者はとりたてて多いわけでないし，その大半は生産活動に従事しない高齢者に集中している。また東日本大震災のように，企業の生産設備や社会資本が物理的に損傷を受けたわけでもない。したがって供給ショックは一時的・

限定的で，コロナ経済危機は需要ショックが招いた総需要不足による不況が実相とする見方がある[10]。しかしこうした見方は一面的過ぎる。ロックダウンや自粛要請の影響で事業収入を大きく減らした飲食業や観光産業，製造業でも内部留保に余裕がない中小企業を中心に，店舗・事業所の閉鎖や廃業が相次ぎ，震災を上回る規模で固定資産の減少が生じている[11]。さらに懸念されるのが人的資本への影響である。労働者の休業や離職が長期に及び，産業構造の変化に応じた労働力の移動が進まないと，スキルの劣化により人的資本の価値が低下する（長谷川 2018）。パンデミックの収束に時間がかかれば，人的資本ストックの毀損は深刻な供給能力の喪失につながる危険がある[12]。

　過去最大の財政出動や買い控えの反動，代替消費の拡大を受け，米国や中国などでは，GDP成長率や鉱工業指数などの回復傾向が既に現れている。しかしこうしたフロー指標での改善が見られたとしても，ストックとしての供給能力の復旧は感染流行が続く限り始まらない。パンデミックの収束が長引けば，供給ショックの影響は長期にわたって残り続けるであろう。

Ⅳ　グローバルビジネスを襲う嵐

1. 国境をまたぐサプライチェーン

　今日，多くの産業で，原材料や素材の調達から，部品生産，組立，在庫管理，配送，販売に至るサプライチェーン（供給網）が国境をまたいで構築されている。その推進力となったのは多国籍企業である。19世紀に国外の天然資源を手に入れる過程で誕生した多国籍企業は，20世紀に入ると，輸送・通信技術の発達とともに，販売拠点や工場を設営して販路や低コスト労働力を国外に求めるようになった。さらには，現地に「粘着的」で，その場に行かないと入手できない知識や情報にアクセスするため，海外で研究開発（R&D）を行う動きも加わった。そして20世紀末には，サプライチェーンを様々なパーツに分解して世界中に分散配置し（フラグメンテーション），ICT（情報通信技術）と業務システムの活用で全体を統合管理する動きが広まった。

　このグローバルなサプライチェーンの担い手は，多国籍企業が自ら設立し

●図表3-1　世界の貿易額（輸出＋輸入）/実質GDPの推移●

出所：World Bank national accounts data, OECD National Accounts data files より筆者作成.

た現地法人やM&Aで子会社化した企業に限られるわけではない。アウトソーシングや生産委託，技術提携，合弁事業などを通じて，外部のサプライヤーやカスタマーもサプライチェーンの中に組み込まれている。またそれぞれの担い手企業のその先には，垂直・水平連関を持つ地場企業，研究機関，大学などがつながり，ビジネス・エコシステムが形成されている。このように国境と組織の垣根を超えて張り巡らされた複雑な生産ネットワークにより，各国経済の相互依存性は飛躍的に高まった。

　世界の貿易額を対GDP比の推移で見ると（**図表3-1**），貿易の伸びが1980年代後半以降ほぼ一貫してGDPの伸びを大きく上回ってきたことがわかる。世界貿易3分の1は多国籍企業グループ内でのいわゆる「企業内貿易」であり（UNCTAD 2011），独立企業との取引も含めると多国籍企業は世界貿易全体の大部分に関与するとされるから，グローバルなサプライチェーンの伸長ぶりがうかがえる。**図表3-2**は，OECDの付加価値貿易データ（TiVA database）を用いて，サプライチェーンの平均的な長さを試算したものであ

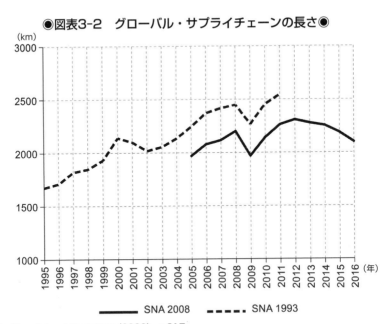

●図表3-2　グローバル・サプライチェーンの長さ●

出所：Miroudot and Nordstrom (2020), p.217.

る（Miroudot and Nordstrom 2020）。付加価値貿易は各国で付加された価値の流れで貿易を捉え直しており、サプライチェーンを捉える指標として最近注目されている[13]。それによると、全製品のサプライチェーンの平均距離は、2008年には2,400km（東京―武漢に相当）に達し、1995年の1,545kmから毎年66km、年率で3.5%伸長したことになる。

　しかし2008年のリーマンショックを契機にこの傾向は反転する。2009年、サプライチェーンの長さは一気に縮まった。その後は反動で勢いを取り戻したように見えたが、2012年で頭打ちとなる。世界貿易で見ても、2009年にGDPの減少幅をはるかに超える落ち込みを記録した後、実質GDPの成長に届かない状況が続き、スローダウンしたグローバリゼーション、「スローバリゼーション（slowbalisation）」の時代の到来と言われた（Kandil et al. 2020）。世界経済に占める貿易のウェイトは2019年になってようやく金融危機前の水準近くまで回復するが、その矢先に、COVID-19危機が発生した。

2. 寸断されたサプライチェーン

　COVID-19パンデミックによりグローバルなサプライチェーンは混乱に陥った。1つは陸海空の国際物流の停滞による，サプライチェーンの寸断である。パイロットや整備士，海運従事者，荷役作業者，税関職員，検疫官など，国際物流を担う人達がソーシャル・ディスタンシングやコロナ感染により業務に支障をきたし，物流に遅延が生じた。とりわけ航空業界では，航空旅客需要の激減により運行便数や人員が大幅に削減されたところに，医療物資の輸送が優先されたこともあって，一般航空貨物の輸送能力が著しく低下，貨物運賃が高騰した。海運では，入港制限や船員不足によりコンテナ船の欠航が相次ぎ，港に物資が滞留した。陸続きの欧州や東南アジアでは，鉄道やトラックなどの陸上輸送も国際物流の重要な担い手であるが，国境での検疫の遅延やドライバーの入国拒否で輸送網は寸断された。しかし，そもそもウイルスは宿主の細胞の中でしか増殖できない寄生体で，コンテナ貨物自体は宿主になれないから，物流がウイルスを運ぶわけではない。そのため初期の混乱が落ち着くにしたがい，国際物流の停滞は解消に向かった。

　第二に，サプライチェーンの混乱は人流の停滞によってももたらされた。海外での部品生産や製品組立工場の多くは多国籍企業の子会社や関連会社によって運営されている。独立企業への委託生産の場合でも，技術指導や技術ノウハウのライセンス供与を伴うのが一般的である。ところが感染流行国からの入国制限，入国後の2週間の隔離措置（quarantine），国際航空路線の休止や大幅減便など，事実上の国境封鎖状態が続く中で，海外工場の運営管理のための管理者や技術者の派遣や出張が困難となった。IoTやAIを活用してスマートファクトリー化しても，それが海外工場のモニタリングを完全に代替することにはならないため，生産管理や品質管理の劣化が起きる。サイバーテロのリスクもつきまとう。物流の停滞が短期間で解消したのに対し，人流の回復はパンデミックが収束しない限り見込めないであろう。

　第三は，サプライチェーンを介した経済ショックの波及である。サプライチェーンの上流で供給ショックが起きると部品の供給が滞って，他国にある下流部門の生産が立ち行かなくなる。上流から下流に向けた供給ショックの

波及である。反対に，サプライチェーンの終端に位置する最終市場で需要が落ち込むと，生産の減少は，外国の上流の生産活動にも及び，その国の労働者の所得と需要の減少を引き起こす。下流から上流に向けての需要ショックの波及である。今日，多くの業界では，サプライチェーン・マネジメント（SCM）の導入により各工程でのリードタイムの短縮，工数削減，在庫管理の適正化などを連動させ，プロセス全体の最適化を図る動きが定着している。それゆえサプライチェーンのどこかでわずかなショックが加わると部品供給が滞って，たちまち生産全体がストップする。

グローバルな生産ネットワークで相互依存し合う世界では，一国で生じたショックは国境をまたいだサプライチェーンを介して直ちに他国に伝染していく（Baldwin and Freeman 2020）。その結果，需要と供給の複合ショックは，一国内で想定されたレベルを超えて増幅することになる。コロナ下の経済危機はグローバルなサプライチェーンによって深刻化したと言えよう。

実際，最初のサプライチェーン伝染は，新型コロナウイルス感染症が最初に確認された中国から始まった。2020年1月23日から2ヵ月半にわたり，中国政府は発生源とされる湖北省武漢市で徹底したロックダウンを行い，生産活動がストップした。また国内の地域間の移動も禁止されたため，春節で地元に帰省していた出稼ぎ労働者（農民工）が都市部に戻れず，工場の再開の遅れや稼働率の低下が続いた。武漢は，今や世界の工場となった中国の中でも，多くの中国メーカーや多国籍企業の工場が集積する一大製造拠点である。そのため世界中の国々が中国の供給ショックの煽りを受けることになった。

影響はまず，コロナ感染拡大で需要が激増した医療品や衛生用品に現れた。世界中が中国からの輸入に大きく依存していたマスクや防護服，消毒剤などで，極度の供給不足に陥った。慌てたフランス政府は自らマスクの輸入確保と一部国産化に乗り出したが，しばらくの間，感染予防にマスクは不要と言い続けざるを得なかった[14]。日本では政府が複数の縫製業者や輸入業者から布製マスクを調達し，例の「アベノマスク」が全国の世帯に配布された。他にも多くの国が同様の措置をとった。

しかしこれは単純なサプライチェーンを持つケースである。より深刻なの

は自動車やエレクトロニクスなど，製品によっては万単位にも及ぶ多数の部品を組み立てることで最終製品ができ上がる機械産業である。これら製品分野では，高度なフラグメンテーションにより複雑な工程間国際分業が形成されている。サプライチェーンは多数の国をまたぎ，長距離に及んでいる。自動車業界では，2020年2月，コロナ感染者がまだほとんどいなかった日本や欧州，米国で，自動車部品や車載電子部品の中国からの輸入が滞り，国内工場の減産や生産停止に追い込まれる事態が発生した。続く3月，今度は自国の感染爆発により生産がさらに落ち込み，供給ショックは拡大した。この日欧米の供給ショックがさらには，サプライチェーンの川下に位置する他国への高機能部品の供給を滞らせ，供給ショックは波及していった。4月以降は感染症の封じ込めが奏効していち早く供給ショックからの立ち直りを見せ始めていた中国でさえ，日欧米からの部品や資本財の供給が滞ることで，それらに依存する在中外資系企業を中心に生産に支障をきたし，「逆向きの（reverse）」サプライチェーン伝染が起きた。

このように相互依存を強めた世界経済では，供給と需要の複合ショックはサプライチェーンを介して他国に伝染するとともに，負のスパイラルを描きながら増幅していくことになる。

3. サプライチェーンのリージョナル化

図表3-3は，貿易パターンをネットワーク図を用いて視覚化したものである。上半分が伝統的な財やサービス貿易の流れを表し，下半分は付加価値貿易である。2017年の付加価値貿易を見ると，伝統的な貿易ネットワーク図では描かれていた米欧アジアの3地域のハブである，米国（USA），ドイツ（DEU），中国（CHN）の間のリンクが消失し，サプライチェーンはリージョナルベースで展開されていることが示唆される。このことは，経済ショックのサプライチェーン伝染も，グローバルというよりリージョナルな現象である可能性を示唆している[15]。

アジア諸国のCOVID-19感染状況は，2021年春時点では，欧州や米州ほど深刻ではない。また同地域の生産ネットワークのハブである中国自身の供給

◉図表3-3　世界の貿易ネットワークにおける供給ハブ◉

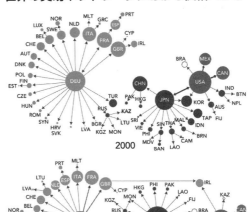

伝統的貿易
ネットワーク

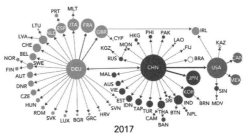

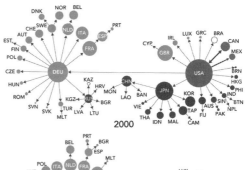

付加価値貿易
ネットワーク

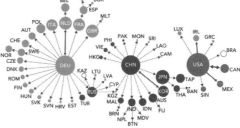

出所：WTO（2019），p.27.

注：円の大きさ　　：付加価値輸出額全体の大きさ
　　リンクの太さ　：二国間フローの大きさ
　　矢印の向き　　：ネット輸出フローの向き

能力の落ち込みは軽微で，需要の回復も早かった。サプライチェーン伝染が
リージョナルな現象とすれば，サプライチェーンを介して一国レベルの経済
ショックが深刻化することは，日本（JPN）やアジア諸国では起きにくいと
言えるかもしれない。これに対してフランス（FRA）や欧州はサプライチ
ェーンが他の欧州諸国との間で形成されている。欧州は感染流行が続く地域
であるため，供給と需要の複合ショックはサプライチェーン伝染の影響を受
けて増幅しやすいことが推測される。

　なお，付加価値貿易ネットワークを2000年と2017年で比較してみると，ア
ジア域内のネットワークの様相が様変わりしていることに気づく。中国は
2001年のWTO加盟により本格的に国際分業に参画し始めるが，当初はスマ
イルカーブ底部の，付加価値の低い組立工程に特化する周辺国で，日本が地
域のハブの役割を果たしていた。しかし2017年には，中国が日本のポジショ
ンにとって代わっている。**図表3-4**に示すように，中国がスマイルカーブ上
の軸足を上流（下流）へと移動させたのか（ポジションシフト），カーブの
形状自体を変化させたのか，あるいはその両方が起きていることが示唆され
る。またネットワークのノード（国）とリンクの数も急増し，アジア域内の
国際分業が重層化・深化していることも伺える。

　日本経済が中国で生み出される付加価値に大きく依存している現状は，次
節で考察するように，サプライチェーン寸断リスクに対するさらなる脆弱性

●図表3-4　スマイルカーブのポジションと形状変化●

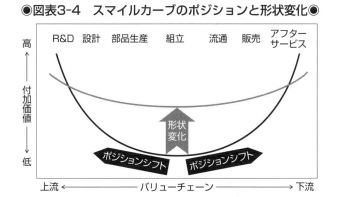

をもたらしている。

Ⅴ　おわりに──グローバルビジネスはどこへ向かうのか

　COVID-19パンデミックにより寸断されたサプライチェーンの復旧が喫緊の課題である。しかしそれは，元通りの姿に戻すことではない。パンデミックで浮き彫りとなった脆弱性を識別して，ショックへの対応能力（レジリエンス）を高めた強靭なサプライチェーンへと作り変える（Christopher and Peck 2004）。サプライチェーンのニューノーマルを構築することである。以下ではその方向性を示すことで，本章のまとめとしたい。

　1つはサプライチェーンの短縮化・可視化である。熾烈なグローバル競争下で多国籍企業はこの数十年，サプライチェーンの各パーツにとって理想的な立地場所を地球上の隅々まで探し求めて（オフショアリング），絶えずコスト効率を高めようとしてきた。その結果，既に見たようにサプライチェーンは飛躍的に伸長し，多数の国をまたいで構築されるようになった。いかなる企業であっても，自社のサプライチェーンの全容を把握するのは不可能なほど，複雑なネットワークである。そのネットワークの，思わぬところにわずかなショックが加わるだけで，サプライチェーンのプロセス全体がストップしてしまう。そうしたリスクに晒されていることを，今回のパンデミックは改めて多くの企業に気づかせるきっかけとなった。

　サプライチェーンを短縮して，生産と物流を可視化できるようにシンプルなものにすることは，サプライチェーンの寸断リスクへの対応策となる。これまでのコスト効率性を最優先としてきたオフショアリング戦略を見直して，最終消費地を基点として地理的・文化的・政治的・制度的隔たりの小さい隣国でサプライチェーンを編成し直す，ニアショアリング戦略への転換である。代替が利かない工程や重要な製品分野においては，リショアリング（製造拠点の国内回帰）を進める。あるいは近年，フランスや欧州が目指している，サプライチェーンをまるごと国内／域内に構築して戦略的オトノミー（自立性）を確保することも，戦略上重要な分野においては有効となるであろう。

　2つ目は冗長性の確保である。冗長性とは，システムの一部に障害が発生した際に全体が機能停止に陥らないよう，予備のバックアップを準備しておくことである。サプライチェーンの各工程で在庫を積み増したり，需要地近くに物流滞留拠点やドライポート（複合一貫輸送のためのターミナル拠点）などの中継ポイントを配置したりする。そうすれば，川上で供給ショックが発生しても，川下工程の生産を一定期間持ち堪えるためのバッファーとなるであろう。

　部品供給の代替ルートを確保して，サプライチェーンを複線化することは，冗長化の最も有力な手段である。調達先を異なる部品メーカーに分散する。あるいは，同じ部品メーカーからであっても他国の生産拠点からの供給を併せて確保しておくのである。さらには，平時にはそうした分散化・多拠点化が具体化していなくても，障害が発生した非常時に，一時的あるいは恒久的に，別のサプライヤーや他国の拠点からの調達に遅滞なく切り替える。その態勢を準備しておく。万一に備えてサプライチェーンを常に複線化しておくことは無駄であるが，サプライチェーン寸断のリスク評価（要因特定，発生確率，影響度合いの算定）を通じて対応策をシミュレーションしておくのであれば，コスト増を抑えることができる。

　リアルであれバーチャルであれ，調達先の代替性を確保してサプライチェーンの複線化を図るには，これまで日本企業が消極的であった製品設計の見直しで部品の規格化・標準化を進めて，特定サプライヤーの製造工場に対する「資産の特殊性」を高め過ぎないことも肝要となるであろう。

　今回のパンデミックで，日本が，そして世界中の国々が改めて気づかされたのは，余りに多くの製品や部品を中国に依存しているという現実と，それが抱えるリスクであった[16]。サプライチェーンの過度の中国依存リスクには，近年高まりつつある地政学的なリスクも含まれる。安価な労働力で「アジア最後のフロンティア」として注目を浴びつつあったミャンマーで，2021年2月，軍部クーデタが突如発生した。このような社会動乱を発火点とするサプライチェーン寸断リスクは，少子高齢化による経済成長の鈍化と国内の格差が急拡大する，独裁国家中国も他人事ではないであろう。またこれまで通商

問題を争点としてきた米中対立は，中国の覇権主義や拡張主義，政治体制，経済制度，さらには人権や価値観の相違を巡って，欧州や大洋州諸国も巻き込んだ対立へと広がりつつある。米国が主導する中国デカップリングの試みが企業のグローバル経営に影響を及ぼすリスクは今後ますます高まるであろう。現に，中国に製造や販売拠点を持つ世界的なアパレル，自動車，IT企業は，ウィグル族に対する人権侵害問題を巡って，人権重視の欧米政府や消費者，人権団体，投資家からの批判と，中国国内の不買運動や労働争議，政府による制裁の，板挟み状態におかれ，サプライチェーンの川上と川下の双方から寸断リスクに晒されている。

　日本企業にとって，アジア地域の生産ネットワークのハブとなっている中国を迂回してサプライチェーンを組み直すのは現実的とは言えない。しかし中国に大きく依存するサプライチェーンが至るところで寸断リスクを抱えていることもまた事実である。サプライチェーンの複線化は，パンデミックという世界同時的な，システミックなリスクに対する分散効果については限定的かもしれないが，中国への依存度の低下を通じて地政学リスクの影響を軽減するのに役立つであろう。とりわけ半導体，再生エネルギー，次世代通信，レアアースなどの戦略的領域では，供給を特定の1カ国に依存するリスクを回避することは，国の経済安全保障にも関わる課題である。地理的に中国と近接する日本企業にとっては，TPPやRCEPなどの地域経済連携の枠組みも活用しながら中国以外のアジア諸国との関係を強化して，リージョナルなサプライチェーンを再編していくことがこれまで以上に求められる。そうしたチャイナ・プラスワン戦略において，技術的経済的支援でこれらアジア諸国を付加価値の高い役割へと誘導して，中国の下請け的な存在から脱却させていくことも重要である。それがサプライチェーン複線化による中国リスクの軽減効果の実効性を高めることにもつながるであろう。

　サプライチェーン強靱化の第三は，戦略的柔軟性の確保である。戦略的柔軟性とは，企業を取り巻く事業環境の変化に対して，社内外のリソースや知識を動員・再構成して素早く応える組織能力，ダイナミック・ケイパビリティである（Teece 2013）。市場を通じた国際貿易よりも多国籍企業グループ

内の企業内貿易の方が取引を直接コントロールできるから，外的ショックによるサプライチェーンの寸断リスクに対しても高いレジリエンスを発揮しやすい。サプライチェーン全体でガバナンス構造を総点検して，戦略的に取引を内部化する方が，純粋な取引コスト原理に基づく取引形態の選択よりも合理的となる余地を見出だせるであろう（長谷川 2008）。また非常事態が起きてから調達先を変更するサプライチェーンのバーチャル複線化の実効性を高めるには，代替部品の利用に合わせて製品設計を柔軟に修正していく能力を日頃から鍛えておくことも求められよう。

　第四は，地球環境への配慮である。環境負荷に伴う費用を内部化してグローバルな生産ネットワークを真に経済的な形で再定義し，サプライチェーンを再構築することである。従来からの生産工場での環境汚染の規制に加え，自動車のCO_2排出規制強化やエレクトロニクス製品の有害物質規制など，製品それ自体に関わる環境規制が先進国を中心に急速に進んでいる。またカーボン・フットプリント（温室効果ガス排出量）の表示や，ESG投資やインパクト投資のような持続可能な社会の実現を促す資金供給の仕組みづくりなど，企業の自主的取り組みも世界的な環境意識が高まる中で加速している。そこでは，原材料調達から製造，物流，消費，廃棄・リサイクルに至るライフサイクル全体にわたって製品の環境負荷低減が要求され，基準を満たさない製品は規制強化に動く欧州のような一大市場から排除されかねない。したがって取引先企業への環境技術の指導や管理の徹底，環境規制の緩い発展途上国を通過しないサプライチェーンへの組み換え，さらには途上国での環境規制の導入の動きにもつながり，サプライチェーンの再編が促されることになるであろう。

　政府にとっては，徹底した情報開示と決定プロセスの透明性を担保しながら，科学的根拠とロードマップを明示した環境規制の策定が重要となる[17]。それは，サプライチェーンの再編だけでなく，企業の設備投資とイノベーションを誘発して，競争力の向上に寄与する。マクロ経済的に見ても，コロナ禍でのデフレ克服と成長，および供給サイドの強化につながるであろう。

注

* 本章の一部は，JSPS科研費JP16K13391，JP20K01836の助成を受けている。

1　ジョンズ・ホプキンス大学の集計による。以下，過去の感染症に関する死亡者数と致死率に関わる推定値は，各種機関のホームページを参照。
　IDSC国立感染症研究所感染症情報センター・疾患別情報，http://idsc.nih.go.jp/disease.html〔2021年3月11日最終アクセス〕。
　UNAIDS国連合同エイズ計画，https://api-net.jfap.or.jp/status/world/pdf/factsheet2019.pdf〔2021年3月11日最終アクセス〕。
　NIID国立感染症研究所・疾患名で探す感染症の情報，https://www.niid.go.jp/niid/ja/diseases/〔2021年3月11日最終アクセス〕。

2　確保すべき対人距離，集会禁止，定期的な消毒とマスクの交換などの具体的な衛生基準を，業種ごとの特性に合わせて示した衛生プロトコルが労働省により提示された。プロトコルはその後も状況の進展に合わせ随時改定されている（https://travail-emploi.gouv.fr/le-ministere-en-action/coronavirus-covid-19/questions-reponses-par-theme/article/mesures-de-prevention-dans-l-entreprise-contre-la-covid-19〔2021年3月11日最終アクセス〕）。

3　https://rmc.bfmtv.com/emission/en-video-le-grand-appel-a-l-armee-de-l-ombre-pour-rejoindre-l-agriculture-francaise-de-didier-guillaume-sur-rmc-1881123.html〔2021年3月11日最終アクセス〕。

4　https://www.iata.org/en/iata-repository/publications/economic-reports/air-passenger-monthly-analysis---december-2020/〔2021年3月11日最終アクセス〕。

5　https://www.mlit.go.jp/kankocho/siryou/toukei/content/001388426.pdf〔2021年3月11日最終アクセス〕。

6　解雇が一般的な米欧とは異なり，雇用を重視する日本の航空会社では，新規採用の凍結や，社内やグループ会社間での配置転換に加え，需要が拡大して人手不足が起きている他業種のグループ外企業や地方自治体等への在籍出向という措置もとられている（日本経済新聞（2021）「航空2社が社員出向拡大」2021年4月2日）。

7　日本経済新聞（2020）「航空業界のCO_2排出量，3分の1減少　世界的減便で」2020年4月13日。

8　気候市民会議（注17を参照）の答申を受け，フランス政府は，近距離国内航路（高速鉄道TGVで2時間半以内に移動できる距離）の廃止や空港の新設・拡張の禁止を決定した。エールフランス航空は，パリとリヨン，ボルドーなどを結ぶ路線を廃止すると発表した（https://www.lepoint.fr/politique/loi-climat-la-suppression-de-certaines-lignes-aeriennes-interieures-votees-11-04-2021-2421614_20.php〔2021年4月12日最終アクセス〕）。

9　日本は欧米先進国と比べて病院数・病床数が突出して多く，逆に感染者・重症者・死亡者の数は桁違いに少ないにもかかわらず，感染流行の初期から一貫して医療崩壊の危機が叫ばれ続けている。医療施設間や医療従事者の職務間の境界が法規制によって厳しく定められている中で，民間病院の多さ，医療界の既得権益による抵抗，厚生行政の後手の対応と不作為，そして何より政治的リーダーシップの欠如により，非常事態であるにもかかわらず医療リソースの弾力的な配分が行えない。医療サービスの供給能力が固定されたままでは，拡大する需要に対応できないのも当然であるが，感染抑制のかけ声しか聞こえてこ

ない。感染収束の切り札とされるワクチン接種についても同様である。ワクチン認証・輸入枠の確保・国内接種体制の整備が進まず，他の先進諸国と比べて大きく出遅れている。

　対するフランスでは，TGVの特別改装列車や軍用機による重症患者の地域間移送，医療現場での医学生や看護学生，ボランティアの活用などの体制拡充で，医療崩壊の危機を凌いできた。ワクチンも，薬局での薬剤師による接種やスポーツアリーナでの集団接種などの柔軟な運用が早い段階から行われている。

10　マクロ経済学的には，COVID-19危機は供給ショックを引き起こしたとしても，それによる労働者の所得の減少に外出制限による消費減少が加わりオーバーシュートした，総需要不足による需給バランスの悪化とする考えが多い（Guerrieri et al. 2020）。その証拠に，世界的な物価下落や需給ギャップ（実質GDPと潜在GDPの差）が大幅なマイナスとなったことが指摘される。しかし需給ギャップは供給ショックを上回る需要ショックが一時的に発生していることを意味し，供給ショックが存在しないわけではない。純粋な需要ショックであればケインズ的財政政策や金融緩和を行うことによって需給バランスは改善するはずであるが，供給制約がボトルネックとなっていると，そこで働く労働者の所得が増えず乗数効果が生まれないばかりか，中長期的にはインフレと景気後退の同時発生によるスタグフレーションが起きかねない。それはさらなる雇用情勢の悪化を通じて供給ショックを増幅させる。供給ショックの側面を過小評価すると政策対応をミスリードする危険があろう。

11　財務省財務総合政策研究所「法人企業統計調査」，四半期別時系列データ（e-Stat）を参照。https://www.mof.go.jp/pri/reference/ssc/results/data.htm〔2021年3月20日最終アクセス〕。

12　日本の雇用調整助成金やフランスの「部分的失業（chômage partiel）」のように，日欧諸国では大胆な雇用維持政策により大量失業は免れているが，休業期間が長期化すればスキルの劣化は免れない。本来，コロナ禍で生じた産業構造の変動に応じて，再訓練プログラムを通じたリスキル化で労働力の移動が望まれるものの，日本ではほとんど進んでいない（内閣府 2021）。なおフランスの部分的失業とは，事業活動の縮小・停止を余儀なくされた事業主が労働者に支払う休業手当の一部を，国が助成する制度である。日本とは異なり申請から支給まで数日内と，きわめてスピーディに行われている。当初は6ヵ月間を適用期間とした政令（2020年3月25日付デクレ）で導入されたが，再々延長で少なくとも2021年6月までの適用が決まっている（https://travail-emploi.gouv.fr/le-ministere-en-action/coronavirus-covid-19/poursuite-de-l-activite-en-periode-de-covid-19/chomage-partiel-activite-partielle/〔2021年3月20日最終アクセス〕）。

13　付加価値貿易は，1国の産業レベルの投入産出の関係を集計した産業連関表と2国間貿易統計を接合することで作成された国際産業連関表を用いて，付加価値の源泉を明らかにし，国際取引される財サービスの流れを付加価値額の起源に基づいて表している（WTO 2019）。

14　5月11日のロックダウン解除の頃までには，一転，過剰在庫に陥り，EU性能基準を満たさない中国産マスクを中心に大量に廃棄処分されることとなった（Lhomme, F. and G. Davet, "2017-2020 : comment la France a continué à détruire son stock de masques après le début de l'épidémie", *Le Monde*, 7 mai 2020）。https://www.lemonde.fr/sante/article/2020/05/07/la-france-et-les-epidemies-2017-2020-l-heure-des-comptes_6038973_1651302.html〔2021年2月21日最終アクセス〕.

15　これは全産業を対象とした場合であって，機械産業が中間財として用いるエレクトロニ

クス部品の付加価値貿易に限定すると，中国，米国，ドイツの間に緊密なつながりを持つネットワーク図が描かれる（経済産業省 2020）。

16 　経済産業省（2020）は，各国の中国依存度を産業や製品分野ごとに詳しく分析している。

17 　フランスは，マクロン政権下の2019年10月に発足した「気候のための市民会議（Convention Citoyenne pour le Climat）」で，選挙人名簿から抽選で選ばれた150名の市民代表により，気候変動対策（2030年までに温室効果ガス排出量を1990年比で 4 割削減）の具体策が集中議論された。気候市民会議が2020年 6 月にまとめた149の提言（移動，消費，住，生産・労働，食の 5 テーマ）のうち，大統領は146について前向きに検討することを明言，国会への送付や国民投票の実施を経て，法制化に向けて動いている。消費者や産業界をはじめ，多様な意見や価値観を持つステークホルダーの間で透明性を確保しながらコンセンサスを形成し，環境規制を導入していく手法は見事である（https://www.conventioncitoyennepourleclimat.fr〔2021年 3 月31日最終アクセス〕）。

参考文献

Baldwin, R. and R. Freeman（2020）"Supply chain contagion waves: Thinking ahead on manufacturing 'contagion and reinfection' from the COVID concussion," VOX, CEPR Policy Portal. https://voxeu.org/article/COVID-concussion-and-supply-chain-contagion-waves〔2021年 3 月20日最終アクセス〕.

Christopher, M. and H. Peck（2004）"Building the Resilient Supply Chain," *The International Journal of Logistics Management*, Vol.15 No.2, pp.1-14.

Guerrieri, G., G. Lorenzoni, L. Straub and I. Werning（2020）"Macroeconomic Implications of COVID-19: Can Negative Supply Shocks Cause Demand Shortages?," NBER Working Paper 26918. http://www.nber.org/papers/w26918〔2021年 3 月20日最終アクセス〕.

Kandil, N., O. Battaïa and R. Hammami（2020）"Globalisation vs. Slowbalisation: a literature review of analytical models for sourcing decisions in supply chain management," *Annual Reviews in Control*, Vol.49, pp.277-287.

Miroudot, S. and H. Nordström（2020）"Made in the World? Global Value Chains in the Midst of Rising Protectionism," *Review of Industrial Organization*, Vol.57 No.2, pp.195-222.

Teece, D.J.（2013）谷口和弘他訳『ダイナミック・ケイパビリティ戦略』ダイヤモンド社.

UNCTAD（2011）*World Investment Report.*

WTO（2019）*Global Value Chain Development Report 2019: Technological Innovation, Supply Chain Trade, and Workers in a Globalized World.*

経済産業省（2020）『令和 2 年版　通商白書』.

内閣府（2020）『令和 2 年度　年次経済財政報告—コロナ危機：日本経済変革のラストチャンス—』.

内閣府（2021）『日本経済 2020-2021—感染症の危機から立ち上がる日本経済—』.

長谷川信次（2008）「内部化理論」江夏健一他編著『国際ビジネス理論』第 5 章，pp.65-82，中央経済社.

長谷川信次（2018）「企業グローバル化時代と人的資本」『世界経済評論』Vol.62 No.2, pp.55-66.

長谷川 信次

事業再編か移転か？

―Covid-19危機後のフランス多国籍企業の新たな戦略とは？―

Ⅰ　はじめに

　雇用統計によると，2020年5月以降，フランスの失業者数は100万人以上増加すると見込まれている。IMF（国際通貨基金）は6月の経済見通しの改訂で，前例のない景気後退がヨーロッパ，とりわけフランスに深刻な打撃を与えると発表した。2020年9月から年末にかけて，多くのフランスの大企業は公衆衛生危機とそれがもたらす帰結に直面して，国際的な活動の一部を再編したり移転したりする必要に迫られるであろう[1]。

　企業活動の縮小と冗長性リスクの上昇に直面して，企業は自らの事業活動の見直しを進めており，新たな活動の再構築に向けて国がどのようなインセンティブを提示するのかを待ち構えている。

Ⅱ　国内雇用と企業活動の国際移転

　マクロ経済レベルで見て，企業がフランス国内に活動拠点を移すことで雇用が回復するという単純な思考に，いまだに多くの政治家やマスコミがとらわれている。この問題に関して，いくつかの点を指摘しておく必要があろう。

1. 生産の国外移転と雇用の関係についての長年にわたる論争

　およそ経済不況下においては，国の政策当局は外国に責任を求め，国内の危機的状況は不公正な貿易慣行や行き過ぎたグローバリゼーションと関連し

ていると考えがちである。輸入する代わりに，あるいはフランス企業が海外で製造する代わりに，国内で生産するほうが国にとって望ましい，という考えである。この信念は「メイド・イン・フランス」キャンペーンと結びついているが，20年以上前の「メイド・イン・イギリス」や，今日の「メイド・イン・アメリカ」キャンペーンのように，他国でも共通に見られる。

2. フランスでの論争の再燃

2005年，ジャン゠アルテュイ（Jean Arthuis）が議長を務める元老院（上院）の財務委員会が1つの報告書を作成した[2]。後に経済財務大臣となるアルテュイは報告書の中で，フランス人が消費するトマトがモロッコから輸入されていることや，フランス軍が着用するトレーニングジャケットが全て外国で生産されていることに遺憾を表明した。彼は，こうした生産の海外移転により300万人のフランスの雇用が失われていると主張した[3]。

その後，主として公的機関によって実施された多くの研究が，輸入品に含まれる雇用の中身を調べ，「問題の」雇用喪失を推定しようとした[4]。しかし推定結果によると，雇用の減少はごくわずかなものに過ぎなかった。

雇用喪失の第一の要素は，技術である。例えば，Collard-Wexler and De Loecker（2013）は，「米国の鉄鋼業は1962年から2005年の間に，労働力の75％に相当する約40万人の従業員を削減した」ことに関して，次のように述べている。

　「鉄鋼業の雇用は5分の1に減少したが，2005年の鉄鋼製品の出荷量は1960年代初頭と同じレベルに達している。つまり労働者1人当たりの生産量は5倍に増加し，全要素生産性（TFP）は38％上昇した」…「急速な生産性の向上とそれに伴う雇用減少の主な理由は，鉄鋼消費の減少でなければ，グローバリゼーションの結果でもない。また，中西部からの生産移転でもない。生産性の向上は，新しい生産技術である鉄鋼ミニミルの導入が直接に関わっている」。

地球の裏側の中国でも，アップルやサムスンのサプライヤーであるフォックスコンが2016年，「ロボットの導入により従業員を11万人から５万人に減らした」と，ある政府関係者はサウス・チャイナ・モーニングポスト紙に語った。昆山地域の広報責任者であるシュ゠ユリアン（Xu Yulian）は，「より多くの企業が追随する可能性が高い」と付け加えた。中国はロボット労働力に多額の投資を行っているのである（Wakefield 2016）。

しかしだからといって，技術進歩やイノベーションの停止を求めることがはたして合理的と言えるのであろうか。

3. Covid-19危機下での戦略的自立性

Covid-19危機においても同様の議論が，戦略的自立性の名のもとに，より感情的な観測に基づいて提起されている。健康危機の最中にあって，我々は，マスクの在庫がない（底をついた）こと，消毒用アルコールジェルも，緊急用の呼吸器もないことに気づかされた。この危機は，公衆衛生上の危機であると同時に，医療部門の危機でもあった。これら製品全てを外国に依存している状況下で，完全な供給不足に陥っていた。それゆえ政府にとっては，パンデミックの拡大を防ぐためにマスク着用を推奨しないという，政治的なミスとも思えることが正当化されたのである。その後，感染流行のピークを過ぎた頃から，この「戦略的な」分野で自立し，過酷な健康リスクと戦うための重要な要素を自ら製造する必要性が語られるようになった。

しかし，マスクの国産化が有効な自立戦略であるかどうかは定かでないことを忘れてはならない。何十億枚ものマスクを自国内で生産することに，一体どのような意味があるのだろうか？　これらマスクはおそらく決して使われることはなく，あるいはすぐに，使う必要がないと宣言することになるだけであろう。そうなれば，2020年初頭に連帯・保健省の保健総局の命令により６億枚近くのマスクがフランス国内で廃棄されたように，焼却処分されることになりかねない[5]。

4. 政府による間違った闘いの危険性

　単純かつ，高度に労働集約的で，技術的に凡庸な部品を製造することは，フランスをありふれた製品に特化させることになり，自立性を求める闘いをかえって間違った場所に導くことになる。マスクのサプライチェーンを国が管理しようと，フランス政府は40人ほどの専任スタッフを編成して，下請け業者の探索，ロジスティクスの構築，到着後の配布などに着手したが，結局のところ海外からの供給を管理する能力がないことが露呈しただけであった。こうした業務については，民間イニシアチブや企業の方が，国よりもはるかに優れた能力を持っている。彼らにとって日常業務だからである。2020年3月末，フランス政府はようやくこのことに気付き，「政府は適切なレベルの安全性を確保しながらも，輸入マスクの検査手続きを簡素化する」[6]，「CEマーク[7]付きのマスクは今後，国が要求する品質基準に関する検査手続きなしで自由に輸入できる」とのプレスリリースを発表した。こうした不幸な出来事を経験してもなお，自立戦略を構築しようとするのは馬鹿げていると言わざるを得ない。

　国が戦略的に自立したいとする願いは，ワクチンの開発と製造においても同様である。実用化までに数カ月，あるいは年単位の期間を要するワクチンの研究開発は，多国間の国際協力があって初めて可能となることは，長年の経験から十分にわかっていた。したがって自立的な戦略でできることは限られており，むしろ国際協力の一層の強化が求められているのである。では，ありふれた製品でどこの国でも作れるような，付加価値のない製品には戦略的自立性があり，高度に技術・知識集約的で洗練された製品では国際戦略の義務があるとでも言うのであろうか。

　一部の大手製薬メーカーは，さらなる低コスト化と研究開発の一層の効率化を進めようとしてきた。コスト競争力の観点から，当初はアジアのサプライヤーへの移行が進んでいたが，そのことが1〜2社のメーカーに過度に依存する結果を生み，今日では，医薬品原薬の60％が中国で製造される状況となってしまった。しかしその一方で，製薬産業の大手多国籍企業の多くは，自社の技術上・競争上のコアに焦点を当てる動きを加速させ，相次ぐ合併の

遺産でもある欧州内の工場数を削減する必要性を表明している。例えば，サノフィは，Covid-19危機下で，新薬や将来の創薬が基本的にバイオ製剤であることから，生物工学（バイオテクノロジー）を活用した生産を優先する方向で自社の事業基盤のバランスを取り直そうとしている。最終的に，サノフィ・グループは，化学合成で得られた原薬を生産するヨーロッパの11工場のうち，6工場を閉鎖する予定である。残る5つの化学合成工場で，医薬品原薬とワクチンという同社のコア技術に集中するのに十分な能力があると考えているからである[8]。

　企業は，政府の政策という不確定なジオメトリーに依拠すべきとする信念から自らを解放し，新たなリスクに照らしてグローバル戦略を再構築する必要がある。企業は政策当局からの明確なメッセージやインセンティブを待つことはできない。政府のインセンティブは，多くの場合，課税や補助金を通じてのみ行われ，競争力構築のための戦略のようなコスト便益分析をかえって見えにくくするリスクが存在する。

III ときに矛盾するが横断的な，2つの方向性を伴う企業の事業再編

1. 社会的交渉の円滑化

　危機の時代，企業は労働力の削減やリストラが避けられない。この社会的緊張を緩和する，あるいは最低でも労使間の困難な交渉を円滑にするために，新たな戦略的事業計画を策定して，事業再編や活動拠点の再配置の可能性を模索する必要があるであろう。

2. 供給寸断や生産のグローバル化に伴うリスク上昇の的確な予測

　社会的戦略の次には，国際物流の遮断，下請け工場の閉鎖，世界経済の不確実性の高まりといった状況に対応して，企業は自社のバリューチェーンとロジスティクスの効率性と妥当性を問い直す必要がある。これらの要因は，再ロックダウンが依然として起き得るという状況や，国が新たな政策フレームワークを導入して移転補助金や輸入関税などの産業・通商政策の見直しを

図る可能性を考慮すると，今後も高レベルの不確実性を生み続けるであろう。

世界銀行グループである国際金融公社（International Finance Corporation：IFC）は，次のように結論付けている。

「COVID-19は，世界の工場としての役割を果たす中国で，最初の影響を与えた（パンデミックの震源地である武漢の役割は特に重要で，フォーチュン・グローバル500企業のうち200社以上が拠点を置いている）。中国での製造業の混乱は，グローバルなサプライチェーンを通じて世界中に波及していった。中国の主要なコンテナ港では貨物が滞留し，移動制限によりコンテナを引き取るトラックドライバーが不足し，海上輸送業者は出航や寄港をキャンセルせざるを得なかった。その結果，中国からの部品供給が不足し，自動車，電子機器，医薬品，医療機器・用品，消費財など，世界中の主要製造業が影響を受けた」（IFC 2020）。

多国籍企業の中には，グローバルなバリューチェーンを再配置することで解決を図ろうとする企業もあった。IFC（2020, p.5）は次のように続ける。

「パンデミックは，伸長した複雑なバリューチェーンが生産断絶に対して脆弱であることを露呈した。その反動で，企業は今後，代替パートナーの活用（例えばニアショアリング）や，戦略的バリューチェーンを自国に戻す（リショアリング）努力を強化するなどで，サプライチェーンの短縮化や多様化に向かう可能性がある。サプライチェーンの短縮化は，コロンビア，インド，メキシコなどの，製造業の能力が高く，輸出支援的な政策をとる国に有利に働き，中期的には中国を一部代替する可能性があろう。また，重要な需要センターの近くに保管倉庫やドライポート[9]を増設して，商品を市場に届けるまでの時間を短縮する動きも出てくるであろう」。

3. 環境と地球への配慮

最後に，供給の途絶や国境の閉鎖などを検討する際には，地球環境および，

環境問題に関わる全ての利害関係者からの圧力も考慮して，グローバリゼーションの影響を再認識することが求められるであろう。全人類の環境コストの観点からより経済的なバリューチェーンは，今後，企業の新しい事業戦略を説明する上で不可欠な要素となるに違いない。

Ⅳ 事業の再編と拠点再配置が企業にもたらすチャレンジ

ここまで述べてきた様々な検討事項に加えて，企業活動の再配置が起きるかどうかを検討するには，さらに以下のような要素も考慮する必要が出てくる。

1. バリューチェーンの観点からの推論

世界産業連関表（World Input/Output Database：WIOD）を用いた実証研究は，グローバルなバリューチェーン（GVC）の「長さ」を試算することを可能にする。バリューチェーンを構成するステージの数とパートナー間の取引回数を推定することで，バリューチェーンの長さをキロメートル単位で推定することが可能になる。それによると，1995年から2011年にかけて，グローバルなバリューチェーンの平均的な長さは毎年40キロメートルずつ伸びていたことがわかる[10]（**図表4-1**）。この10年間で，企業は絶えず効率性を追求してきたのである。

このように多国籍企業は，何十年もの間，バリューチェーンの各セグメントにとって最適な下請け業者や拠点を世界中で探し求め，絶えずコスト効率を高めてバリューチェーンを合理化しようとしてきた。今日，このバリューチェーンが断ち切られるリスクが特に強調されているため，それが未知のコストの増加を伴わないわけではないとしても，企業はおそらく反対のアプローチを取らざるを得ないであろう。

（1）単純なバリューチェーンのケース

この推論は単純に見えるが，バリューチェーン自体が比較的わかりやすい場合に限られる。例えば，LVMH（モエ・ヘネシー・ルイ・ヴィトン）の

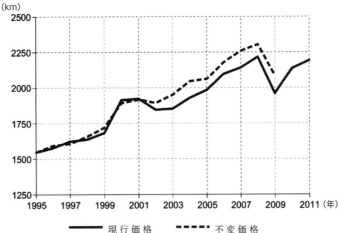

●図表4-1　グローバルバリューチェーンの長さ●

出所：Miroudotrand and Nordstrom（2015）

ような企業は，バッグ製造の上流の要素（牛の飼育，屠殺，なめしなど）が明確に特定できるため，ブラジルからスペインへの製造拠点の移転は容易と思われるかもしれない[11]。しかし，ひとたび原材料を加工する際にノウハウが重要となってくると，能力や品質の問題が浮上してくる。南地中海の皮なめし業者の中には，原皮の洗浄や，毛や汚れの除去が不十分であるなど，多くの問題を抱えており，移設先としての条件をクリアすることができなかった。もちろん，この種の拠点の移転がフランス国内の雇用に与える影響はほとんどないことは言うまでもない。

（2）複雑なバリューチェーンのケース

　他方，バリューチェーンが複雑化し，上流で多くのセクターの投入物が含まれるようになると，企業の事業再編・移転戦略に関する最終決定に様々な要因が影響してくる。

　例えば，アイデア，イノベーション，アップル社の新しいM1シリコンチップ[12]のような高度電子チップの製造など，原材料が天然資源だけでなく，

知的資源である場合がその好例である。この場合，移転の問題は，フランスやヨーロッパにおいて，インドや中国のエンジニアのような高度な熟練を低コストで入手して，国際的競争に勝ち残ることができるかが関係してくる。

　フランスの経済・財務省は，バリューチェーンに関するいくつかの研究を通じて，フランス企業のグローバル化をバリューチェーン・セグメントの論理の中で捉えなおす作業に着手し，「（設計や研究開発などの）バリューチェーンの上流の高付加価値活動を展開するために，フランスはイノベーションをさらに加速すべき」と主張する。それは，グローバルなバリューチェーンのさらに上流に位置する国からの潜在的な供給ショックに対する脆弱性を低減することにもつながろう。したがって「新しい産業政策」とは，企業がグローバルなバリューチェーンの上流に移動して，研究開発やイノベーション集約的な要素にアクセスすることを可能にする政策でなくてはならない[13]。

(3) 他国の多国籍企業の行動

　フランス企業だけを想定して新たな戦略を検討・期待するという，純粋に一国の論理にとどまることは許されないことも強調しておく必要があろう。他国の多国籍企業も同じく危機的状況下での制約に直面しており，フランスで事業を行っている外国企業は，フランス内での事業を犠牲にしてリストラを行う可能性がある。例えば，米国の自動車部品メーカーのボルグワーナー（BorgWarner）が，フランス南部の中央高地に位置するコレーズ県（Corrèze）にある工場の閉鎖を発表したことで，同県の県庁位所在地であるチュール市（Tulle）の工業地帯は主要企業を失い，368人の従業員が解雇されると見られている[14]。大規模なグローバル企業グループに属するフランス国内の事業所の多くは，強力な産業クラスターの外に位置し，非効率的な買収の結果であったり，企業グループの周辺部に置かれたりする企業が多いため，こうしたリストラ計画の影響を受けやすいと言えよう。

2. クラスター（外部性を伴う集積）の観点からの推論

　今日，フランス政府内で行われている論争において不可解なのは，活動拠

点の移転や「メイド・イン・フランス」，さらには競争力を巡る議論が，クラスター，とりわけイノベーション・クラスターの視点から語られることがほとんどない点にある。

今日，数多くの学術研究（少なくとも，国の競争力に関するマイケル・ポーターの研究や，ノーベル賞受賞者のポール・クルーグマンがアルフレッド・マーシャルのアイデアを引き継いで行った集積効果に関する研究以来の）が示すように，少なくとも革新的な分野に限って言えば，企業は単独では競争力を確保することはできない。

企業が自社の競争力の根を下ろさねばならないのは，正の外部性を生み出すような協調的・競争的な企業集積の中においてである。こうした「ブロック・クラスター（block clusters）[15]」の中に身をおいてこそ，クラスター内の公式・非公式の協力ネットワークを活用することで，企業は自社の競争力をダイナミックに構築し，ひいては雇用をダイナミックに創出できる。

フランス政府は国内に「競争力拠点（pôles de compétitivité）」を構築しようと試みているが，それがn番目の「新たな産業政策」を論じる際にほとんど考慮されてないばかりか，他の多くの先進国の産業クラスター政策はもとより中国のそれと比較しても，産業競争力の構築という観点から構造化されているとは言い難い。

Ⅴ おわりに

グローバリゼーションの現代史を見れば，企業の海外進出や現地生産が進出先国での市場シェアの向上につながった事例を数多く見いだせる。このことを忘れると，「国際的な」企業にとって致命的となりかねない。生産を本国に戻すと，多くの場合，企業は海外での市場シェアを失い，グローバルな競争において弱体化することを意味する。多くの事例が示すように，最終製品の少なくとも一部分を現地生産しないと，企業は海外市場で販売することすらできない。航空宇宙産業はその好例といえよう。

そのため企業は，コストと市場，需要と供給の間で，常に複雑な折り合い

をつけなくてはならない。フランスに活動拠点を戻した結果，国際市場を失うと，海外進出や下請け業者の変更に伴う雇用喪失よりも，フランス国内の雇用にさらなる悪影響が及ぶ危険性がある。

　加えて，報復合戦を通じて貿易障壁が高まり，海外市場が閉鎖される可能性が高まるほど，現地生産を通じて企業のプレゼンスを確保できなければ，海外市場の喪失リスクも大きくなる可能性がある。もちろん，これらの要素は産業によって大きく異なる。超ラグジュアリー産業であれば，世界的に有名な企業は自社のブランド製品の大幅な価格上昇を帳消しにできるため，これらの要因の影響を受けにくい[16]。

　消費者の存在を忘れてはならない。コストの低下は少なくとも2つの影響をもたらした。1つは，先進国の消費者にとって，購買力の急激な向上につながったことである。フランス銀行総裁のフランソワ゠ヴィルロワ・ドゥ・ガロー（François Villeroy de Galhau）は，2019年4月3日，フランス人の大部分が抱く実感とは異なり，フランス人の購買力は過去20年間で「20％増加した」と指摘した。そしてそれは，「とりわけ物価と生活費の上昇が非常にうまくコントロールされたためであり，ユーロがもたらした貢献の1つである」と続けた。しかしそのとき彼は，このことが，グローバリゼーションが進展するという文脈において起きていることを忘れていたのである[17]。

　2つ目の影響が，新興国の消費者に関するものである。グローバリゼーションによって，世界の絶対的貧困が減少したことは間違いない。世界の絶対的貧困（購買力が1日あたり1.90ドル以下）は，1990年の19億人から2015年には8億3,600万人へと半分以下になったという，今日では予測を外したほとんどのアナリストが目にしたくない単純な事実を思い出してみよう。世界人口が30億人から70億人に増加したにもかかわらず，この絶対的貧困の解消の大部分は2000年以降に起きている（Roser and Ortiz-Ospina 2017）。もちろん，こうした全世界的な改善が見られる一方で，状況が悪化し続けている地域もあるが，それは彼らが世界貿易・生産に十分に参画していないか，あるいは戦争の中にあるからである。中国の消費者がその最大の受益者であることは明らかであり，それが最終的には欧州諸国や米国の観光業にドミノ効

果を与えている。

　残念ながら，Covid-19危機が引き起こした新たな世界経済危機は，かねてよりグローバリゼーションから排除された国々で貧困の拡大を引き起こしている。今回もまた，新旧を問わずいかなる産業政策も，それを緩和するためにはあまり役立たないかもしれない。

注

1　「フランスは，前例のない規模での解雇と倒産の波に備えている。健康危機の影響を最も受けている企業は，そのショックに耐えられないだろう。新学期が始まる頃までに，人員削減を伴う数千件の解雇計画が懸念される。」Le Figaro Economie, 2020.5.25: "La France se prépare à une vague de licenciements et de faillites sans précédent. Les entreprises les plus touchées par la crise ne résisteront pas au choc. Des milliers de plans sociaux, avec des cortèges de suppressions d'emplois à la clé, sont redoutés à la rentrée", https://www.lefigaro.fr/conjoncture/la-france-se-prepare-a-une-vague-de-licenciements-et-de-faillites-sans-precedent-20200525

2　フランス元老院, Rapport d'information n° 416, *La globalisation de l'économie et les délocalisations d'activité et d'emplois* (tome 1, report), 2005.6.22, https://www.senat.fr/rap/r04-416-1/r04-416-1.html
　　なおアルテュイは，1993年にも同じテーマで報告書を作成しており，次のように述べた。衣料品の業界団体によると，社会保険料や各種手当を含めたフランスの平均賃金コストは11,470フランである。当時，フランス人従業員1人分のコストで，タイ人25人，中国人35人，ベトナム人70人，ロシア人70人を雇用できた。https://www.senat.fr/rap/1992-1993/i1992_1993_0337.pdf

3　彼はリカードの比較優位の法則を知らなかったか，あるいは知らないふりをした。この法則は今日でも有効であるが，国際分業は必ずしも一国で生産が完結する製品ではなく，完成品に至る様々な段階が連結したバリューチェーンに沿って行われる。Jones and Weder (2017) を参照。

4　例えばAubert and Sillart (2005) は，フランスの輸入の増加と企業レベルの雇用の減少をクロスチェックしたデータに基づき，1995年から2003年の間に，移転によって年間約15,000人の雇用が失われたと推定した。しかしここでは，輸出が雇用を創出する事実が見落とされている。例えば，「木材・紙」部門では，2000年から2005年にかけて就業者数は17万5,000人でほぼ安定していたが，輸入による年平均7万7,000人の雇用減は，輸出による7万5千人の雇用増によって相殺される。Boulhol (2009)；Buckley and Mucchielli (1997) を参照。

5　*Le Monde*, "2017-2020: comment la France a continué à détruire son stock de masques après le début de l'épidémie," Gérard Davet et Fabrice Lhomme, 2020. 5. 7, https://www.lemonde.fr/sante/article/2020/05/07/la-france-et-les-epidemies-2017-2020-l-heure-des-comptes_6038973_1651302.html

6 フランス政府, Communiqué de Presse, N°2096-1000, "Le Gouvernement simplifie les procédures de contrôle des masques importés tout en veillant à garantir un niveau adéquat de sécurité", 2020.3.26 https://minefi.hosting.augure.com/Augure_Minefi/r/ ContenuEnLigne/Download?id=E3B18651-2899-4929-989D-2861384EB2FB&filename= 2096-1000%20-%20Simplification%20des%20procédures%20de%20contrôle%20des%20 masques%20importés.pdf

7 訳者注：商品が全てのEU（欧州連合）加盟国の基準を満たす際に付けられる基準適合マーク。"*Conformité Européenne*"

8 サノフィは，11の化学合成拠点のうち６拠点を統合した独立の会社を設立し，2022年までに株式市場に上場させる予定である。それにより医薬原体の部門を活性化しようとする，野心的試みである。*Les Echos*, "Sanofi revoit sa carte industrielle européenne", C. Ducruet et E. Moreira, 2020.2.24.

9 訳者注：道路・鉄道・港湾をシームレスにつなげた複合一貫輸送のためのターミナル拠点で，船荷の陸上輸送への積み替え，貯蔵，トラック・貨車の整備，通関サービスなどの機能も有する。

10 この傾向は，GVCを表す他の指標で観察された傾向と同様のパターンを示している。2001年のドットコム危機後と2008-2009年の金融危機後に距離が縮小したことを除けば，バリューチェーンの平均距離は年々拡大してきた。1995年の平均距離は1,545kmで，ストックホルム―パリ間の距離とほぼ同じであったが，2011年には42％増の2,200kmにまで伸び，ストックホルムからフランス・スペインの国境までの距離に匹敵する（Miroudotand and Nordström 2015）。

11 一般的に，皮革産業では，皮革製品の材料として用いられる動物の生産は主にブラジルで行われ，それがインドでのなめし工程を経て，最終的には中国，ベトナム，インドネシアの製造工場に送られる。しかし高級ブランドの場合，ヨーロッパのサプライヤーから調達される傾向が強い。革製品の創作のためのタンナーや工房の大半を所有しているフランスやイタリアは，皮革の原料となる畜産業の原産地であり続けている。

12 *Apple press release*, 2020. 6 22, https://www.apple.com/newsroom/2020/06/apple-announces-mac-transition-to-apple-silicon/

13 フランス経済・財務省，財務総局, *Lettre du Trésor-Éco,* n°207, "le *commerce de la France en valeur ajoutée*", 2020. 10. 24.

14 *Le Monde*, 2020. 6. 20, https://www.lemonde.fr/economie/article/2020/06/27/ l-equipementier-automobile-borgwarner-va-supprimer-368-emplois-en-correze_6044383_3234.html#xtor=AL-32280270

15 本章ではこのブロック・クラスターの概念を，企業，大学，政府機関，研究所などからなるエコシステムに応用している。他の学問分野では，「ブロック・クラスタリング（block clustering）」は「共クラスタリング（co-clustering）」とも呼ばれ，表データの行と列を同時に分割し，類似するブロック（クラスター）構造として整理する手法である。ここ数年，機械学習，統計学，データマイニング，ゲノム科学などの領域で，表データの共クラスタリングの研究と利用が盛んに行われている。Lomet et al.（2012）;, Karlsson et al.（2005）を参照。

16 Journal du Luxe（June 2020, https://journalduluxe.fr/luxe-previsions-chiffres-2020-bain/）によると，2020年5月13日，ソウルのロッテ・ショッピングセンターにあるシャネルのブティックの数メートル先には，何百人ものカスタマーが列をなしていた。パンデミックの最中の，ロックダウンで蓄積したフラストレーションのリバウンドで，「リベンジ消費」に駆り立てられた人たちであろうか。しかし，それだけではなかった。人々が押し寄せたのは，価格上昇への不安もあった。実際，その数時間後に，シャネルは世界中で商品を5〜17％値上げすると発表した。

その原因は，現下のパンデミックの状況下での原材料価格の高騰にある。「価格調整の対象となるのは，シャネルのアイコンバッグでもある "11.12" と "2.55"，そして "ボーイ"，"ガブリエル"，"CHANEL 19" と，一部の革小物である。」（https://journalduluxe.fr/chanel-prix-covid/）韓国メディアの報道によると，ルイ・ヴィトンやブルガリなど他のいくつかのメゾンも，原材料費の高騰だけでなく，為替レートの変動を吸収するために同様の戦略を採用しているという。

また，2020年がきわめて厳しい年になることもわかっている。「2020年末には，ラグジュアリー市場は前年に比べて20〜35％縮小する可能性がある。ベイン・アンド・カンパニーによると，2020年第1四半期に−25％の落ち込みがあったが，4月から6月にかけてはさらに加速する可能性がある」（Journal du Luxe, June 2020, https://journalduluxe.fr/luxe-previsions-chiffres-2020-bain/）。

17 *Le Monde*, 2019. 4. 3: "Hausse du pouvoir d'achat : l'éternelle nuance entre les chiffres et le ressenti des Français," https://www.lemonde.fr/les-decodeurs/article/2019/04/03/hausse-du-pouvoir-d-achat-l-eternelle-nuance-entre-les-chiffres-et-le-ressenti-des-francais_5445305_4355770.htmlain/

参考文献

Aubert, P. and P. Sillart（2005）"Relocation and downsizing in French industry," in *L' économie française* - Comptes & dossiers - Edition 2005-2006, Insee-Références, pp.57-89.

Boulhol, H.（2009）*Globalisation and employment in France*: perceptions and figures, OECD and Centre d'Économie de la Sorbonne, Economie et Statistique, 427-428, pp.21-25, https://www.persee.fr/doc/estat_0336-1454_2009_num_427_1_8049

Buckley, P. and J.L. Mucchielli（eds.）（1997）*Multinational Firms and International Relocation*（New Horizons in International Business），Edward Elgar Pub.

Collard-Wexler, A. and J. De Loecker（2013）"Reallocation and Technology: Evidence from the U.S. Steel Industry," *Working Paper National Bureau of Economic Research*, January, https://www.nber.org/papers/w18739.pdf

International Finance Corporations（IFC）World Bank Group（2020）*The Impact of COVID-19 on Logistics*, June 2020.

Jones, R.W. and R. Weder（eds.）（2017）*200 Years of Ricardian Trade Theory: Challenges of Globalization*, Springer Publishing.

Karlsson, C., B. Johansson and R. Stough（eds.）（2005）*Industrial Clusters and Inter-firm*

Networks, Edward Elgar.

Lomet, A., G. Govaert and Y. Grandvalet (2012) *Model Selection in Block Clustering by the Integrated Classification Likelihood*, Université de Technologie de Compiegne - CNRS UMR 7253.

Miroudotand, S. and H. Nordström (2015) *Made in the world?*, European university institute, RSCAS 2015/60 Robert Schuman Centre for Advanced Studies Global Governance Programme-183.

Roser, M and E. Ortiz-Ospina (2017) *Global Extreme Poverty*, Our World in Data, https://ourworldindata.org/extreme-poverty

Wakefield, J. (2016) "Foxconn Replaces '60,000 Factory Workers with Robots,'" BBC News, May 25, http://www.bbc.com/news/technology-36376966

ムキエリ　ジャン-ルイ

（長谷川信次訳）

ワーク・ファミリー・コンフリクト
―コロナ禍における女性を取り巻く状況を中心に―

Ⅰ　はじめに

　ワーク・ファミリー・コンフリクト（仕事と家庭の葛藤＝WFC）は，個人が仕事と家庭の役割の間で相容れない要求を経験したときに発生し，両方の役割への参加がより困難になる原因となる。一般的には，①時間ベースの葛藤，②緊張（ストレス）ベースの葛藤，③行動ベースの葛藤に分類される。①時間ベースの葛藤は，１つの領域での時間の配分が延長し，他の領域での時間の配分に侵食するときに発生する。例えば，仕事で残業に従事する時，家族に費やせる時間が奪われる場合に起こる。②緊張ベースの葛藤では，一方の領域でストレスが発生し，他方の領域にも波及し，歪みとなって葛藤が発生する。例えば，会社で嫌なことがあった時に，家庭にそれを持ち込んで，配偶者に長々と愚痴をこぼしたりすることが挙げられる。③行動ベースの葛藤は，一方の領域での習慣や行動が，他方の領域にうまく移行しない場合に発生する。例えば，職場での立場の大きさと自信は，家庭での父親や夫の役割とは相容れない場合がある。会社では，管理職など強い立場にいる夫も妻には頭が上がらないということに心当たりのある読者も少なくないであろう。さらに，こうした葛藤は，仕事と家庭の両方に由来するため，葛藤は双方向になり，仕事は家庭に干渉し，逆に家庭は仕事に干渉することになる。

　こうした仕事と家庭の葛藤は，コロナ禍以前では，仕事―家庭間の距離が離れていたため，あったとしても，接する機会や時間は限定的であった。しかしコロナ禍によって在宅勤務のテレワークとなり，仕事と家庭が間近にな

った。これによって，当事者の接する時間も長時間になると，葛藤が顕在化するようになる。当事者同士の意識も高まり，葛藤が増幅されることも考えられる。なぜなら，相手の仕事ぶりが常に見てとれるからである。在宅勤務と家庭の葛藤は，これまでの実証研究でも強調されてきた。在宅勤務者は，仕事と家庭の葛藤を減らすため，仕事ができる専用スペースを確保することや，予め決められた時間帯だけを在宅勤務に充てるなどの調整が不可欠である。ある研究者によれば，在宅勤務の頻度が高いほど，仕事と家族の葛藤は低いが，家族が仕事に及ぼす影響は高いことを発見した。その結果，在宅勤務は万能の解決策ではなく，従業員にとってメリットとデメリットの両方をもたらすと忠告している。

　筆者らは，次の2点が，潜在的にあった仕事と家庭の葛藤を顕在化したと考えている。1つは，突然の有事によって在宅勤務が義務化され，従業員に選択肢が与えられず，有無を言わさず開始されたこと。もう1つは，適切な訓練が行われなかったことである。こうしたことは今，長所と短所となって見え始めている。

　日本は保守的な社会であり，家庭内での役割の多くを女性が担うことが求められている。そのため，働く女性は働く男性よりも家庭内での葛藤を経験することが予想される。慶應義塾大学の風神佐知子准教授は，日本での在宅勤務における仕事と家事のバランスの難しさを指摘している（Kazekami 2020）。一方，強制的な在宅勤務は，わが国の伝統的なジェンダーロールへの概念を崩し，新たな見解が期待できる。

　本章では，フランスで見聞きしたエピソードもまじえワーク・ファミリー・コンフリクトについて述べる。

Ⅱ　在宅勤務の義務化とワーク・ファミリー・コンフリクト

　コロナの大流行により，多くの企業はテレワークの導入を余儀なくされた。それにより従業員は，仕事と家庭のバランスをどのようにとるかに対して真剣に向き合うことを考え直さなければならなくなった。

筆者らが1都3県における共働き正社員の調査を実施したところ，緊急事態宣言の期間，在宅勤務によって，時間とストレスに関する仕事と家庭の葛藤は，減少した（Magnier-Watanabe et al. 2020）。

しかし，在宅勤務の課題が徐々に明確になってくると，雇用主もまた，従業員がコロナ以前と同等の生産性を維持できるようにするにはどうすればよいのかを考え始めている。国際労働機関（International Labour Organization：ILO）は，コロナ流行後のテレワークがもたらす変化について警鐘を鳴らした。雇用主を対象とした最新の報告書では，在宅勤務のメリットと家庭とのバランスを保つためのトピックが記述されている。それは，労働時間を明確に定め，労働者が自分の勤務スケジュールにメリハリをつける。また，定期的な休憩，運動，新鮮な空気の入れ替えなど，健康的なライフスタイルと適切なワーク・ライフ・バランスを促進することなどが含まれる（ILO 2020）。

在宅勤務は，労働者がより良いワーク・ライフ・バランスを手に入れるのに有用である。在宅勤務によって従業員が自分の時間を自律的に選択すると，仕事と家庭の葛藤を減らすことができる。在宅勤務の利点には労働者の満足度，生産性，忠誠心の向上，従業員の離職率の低下が挙げられる。しかし，在宅勤務を従業員が主体的に選択した結果ではなく，パンデミックの結果により強制的に実施された場合，仕事と家庭の葛藤が生じる可能性がある。これは特に，保育園や学校の閉鎖によって，子どもの世話を家庭内でしなければならない状況によってさらに助長される。わが国の場合，代替保育の未整備により，子どもの世話は家族が責任を負うことになる。そのため，仕事と家事と子どもの世話とが「家庭」という1つの空間で同時に調整されなければならなくなる。こうした経験のある従業員は，コロナ禍以前にはそれほど多くないであろう。

また，在宅勤務は，仕事と私生活の境界が曖昧になり，労働時間が増加し，仕事が激化する場合もある。事業主より強制された在宅勤務は，私生活に支障をきたし，仕事と家庭の葛藤を引き起こし，従業員の幸せを低下させ，仕事全体のパフォーマンスに影響を与える可能性がある。日本でテレワークに

従事している従業員を対象とした調査では，パンデミック前には，勤務時間と自由時間のあいまいさの問題がリモートワークの最大のデメリットであったことが明らかになっている（Eurofound and the International Labour Office 2017）。緊急事態宣言の間，従業員は何の準備や訓練もなく，家族全員と一つ屋根の下で働き続けなければならなかったため，義務化された在宅勤務がこの問題を悪化させたに違いない。

Ⅲ　仕事とプライベートの境界消滅

1.「職私」接近

　近年，アメリカのベンチャー企業で「自宅のように快適な職場づくり」が流行っている。そこには，居心地よい大きなソファ，テーブルサッカーゲーム，（無料の）タガダ・ストロベリー（欧米で人気のある飴）の自動販売機が設置されている。こうしたことによって，「リラックスしたキラキラ会社」では，自宅でくつろいでいるかのような錯覚に陥り，仕事もリラックスしてできるようになる。

　またこうした企業では，出社せずリモートワークにより自宅をはじめ，カフェや公園などでネット環境を最大限活用し，オフィス外での労働も行われてきた。こうしたベンチャー企業で起こったことは，職場での自宅感覚のリラックスした空間によることだけでなく，逆に自宅に仕事が持ち込まれるようになったことである。つまり，仕事とプライベートが融合し，自宅がオフィスになったのである。ベンチャー企業の「リラックスしたキラキラ会社」を志望して入社した従業員にとっては，仕方ないとして，コロナ禍による強制的な在宅勤務者にとっては，この「仕事のプライベート空間への侵食」には抵抗感がある人もいるであろう。いや，もしかしたら「リラックスしたキラキラ会社」を志望して入社した従業員の中にも，配偶者を持ち，家庭空間を考えるようになると，わずらわしさを感じている従業員もいるかもしれない。最初はラップトップパソコン片手にソファで仕事ができるというリラックス感でアイデアも出ていたことであろう。しかし一方，ワークスペースと

プライベート領域の間に，時間的にも空間的にも，実際の境界が消滅してしまったのである。

こうした「職私接近」の他にも会社での昼食における「職食接近」も日常的になっている。日本の場合，「お弁当文化」があり，会社内の休憩所等で昼食をとることが少なくない。しかし，フランスでは，従業員がオフィスで食事することが労働法によって禁止されていた。そのため，従業員は，昼食をオフィス以外でとることになる。読者もご存じのようにフランスでは，食文化が重要視されている。特に，ホワイトカラーの従業員は，昼休みのランチに「今日のコース」（Plat du jour）を楽しみながらおしゃべりするのが日課になっている人も少なくない。パリ辺りになると，「今日のコース」は15ユーロ（飲み物なし）（約2,000円）をくだらない。しかし，会社から食事補助券が支給され実質半額程度の負担で済む。また一方，ローカル都市では「職住接近」のため，自宅に戻り昼食を家族とすることが多々ある。これは，レストランで食事をするより断然割安になる。

しかし，2020年10月末からの2回目のロックダウン（外出禁止）によって，カフェ・レストランは閉鎖され，出勤者はこうしたランチを楽しむことができなくなった。そこで，2021年2月より法律改正によってオフィスで働く従業員の多くが，法律に触れることなく自分のデスクで昼食をとることができるようになった。

こうした「職食接近」は，時間的にも空間的にも職場と私生活の実際の境界を消滅させてしまったのである。

こうして，コロナ禍の前から始まった最近の流れは，コロナ禍によって強化され「職住接近」だけではなくて「職私接近」，そして「職食接近」も生み出し，ワーク・ファミリー間関係に影響を及ぼすことになったと言える。

2.「終わらない仕事」を「つながらない権利」で解決

日本では，働く時間と働かない時間を「ずっと働く」と曖昧にすることが，過重労働や仕事と家庭の対立の増加につながっている（Takami 2018）。こうした弊害を阻止するために先んじてフランスでは，「終わらない仕事」に

よる不安やストレスが認知され，世界で初めて仕事と私生活を切り離す規制措置がなされた。フランスは2017年の労働法改正で「断絶権」を導入した。「断絶権」とは，平たく言えば「つながらない権利」のことで，仕事のオフ中は携帯電話やメールなどにつながらない，または確認しなくてもよい権利のことである。「つながらない権利」とは，従業員が勤務時間外（週末，夜間，有給休暇，RTT[1]など）に自分の職業上の活動に接触しないことと定義できる。近年のデジタル技術の発展によって，従業員は勤務時間外にも携帯電話やメールによって仕事に「つながる」，いや「つながれる」ようになり，仕事とプライベートの境界線は薄く，労働時間だけがもはや労働に従事する専用時間ではなくなってきたのである。これによって，フランスで50人以上の労働者を抱える雇用主は，「断絶権」に関して2つの選択肢を選ばざるを得なくなった。1つは，労働時間外に従業員がデジタル技術につながらない権利を許可する協定を労働組合と交渉しなければならない。もう1つは，時間外のデジタル技術使用への「断絶権」について内規を制定しなければならない（山本ら 2020）。

　以上の通り，「職私接近」や「終わらない仕事」は，ある面，デメリットをもたらす場合もある。プライベートの生活と仕事が混同されたり，仕事がプライベートを侵食したりするリスクもある。この難しさは，プライベートと仕事の間に，時間的・空間的区別がなされていない場合に起こりやすい。いずれにしても，プライベートと仕事の境界線を意識的に再構築する必要がある。

Ⅳ　解決策としての自宅の適切なワークスペース？

　前節では，仕事とプライベートの時間的・空間的な境界消滅を述べたが，本節では，在宅勤務とプライベートのはざまにおける配偶者との時間的・空間的葛藤を述べていく。仕事と家庭の葛藤に関連した筆者らの調査結果では，テレワーク用の在宅勤務スペースが重要であることが抽出された。

　筆者らの調査は，2020年8月に東京，神奈川，千葉，埼玉の1都3県の既

婚正社員に向けて行われた。対象となった正社員は男性200名，女性200名である。これらの正社員のうち82％が配偶者も働いている人達であった。また，子どもがいると回答したのは70％であった。

　回答者の55％がテレワークに適したワークスペースがあると感じているのに対し，32％はないと感じていることが調査を通してわかった。これは，首都圏の厳しい住宅事情に深く関係していると思われる。実際，国が実施した「2018年住宅・土地統計調査」によると，東京都内の住宅の平均床面積は66平方メートルである。非常時には，この居住空間は，自宅に滞在している家族の数だけ共有されていた。

　さらに，自宅に十分なワークスペースがあることが，男女ともに在宅勤務の満足度の主要な要素であることが明らかになった（Magnier-Watanabe et al. 2020）。空き部屋や十分なスペース，落ち着いた空間があることは，在宅勤務の満足度を高めるために重要である。そのため，経済的に余裕があり，広いスペースで高い家賃を支払える従業員，もしくは，会社から遠くても郊外の広いスペースに住んでいる従業員には，有利な場合がある。一方，雇用主はより広い自宅スペースの費用を補うために高額な給与を提示することはできない。その代わり，自宅に合った専用のホームオフィス家具を購入するための補助をすることはできる。

　だが，問題はスペースの広さだけではなくて，そのスペースを誰が使っているかということもある。フランスのある社会学者は，両親が在宅勤務をしている場合，母親側に悩みがあることを指摘している。母親は仕事と家庭生活が分離されていないことに直面する。また，重要な課題の1つは，父親・母親どちらの仕事がより優先度が高いか，考えなければならないことである。特に，子どもがいる家庭では，学校が休校になった時に，誰が子どもの世話をするかという問題が発生する。フランスの社会学者は，在宅勤務の義務化が女性の立場をさらに弱めることを懸念している。同社会学者は，女性が在宅勤務するには，家庭を仕事に適した環境にする必要があると主張している。両親のパソコンは家庭内の空間の一部であり，家族の間でさえ共有されているため，家庭のパソコンを仕事・勉強にも使うとなると，プライベートと仕

事の領域の仕切りがさらに曖昧になる。こうした中，母親は，パソコンを確保し，自分の仕事のための空間と時間を父親や子ども達と交渉しなければならない。しかし，実質的には，父親が主導権を握ることが多いと同社会学者は主張している。したがって，女性は，家事を済ませた後に残されたわずかな時間に，キッチンやリビングのテーブルコーナーで仕事をしてしまうのである。もしくは，洗濯物を干したり掃除機をかけたりする家事の合間にパソコンを確保し，仕事をすることになるのである。同社会学者の懸念は，緊急事態宣言の間，女性は男性に比べて自宅での作業スペースが適切でないと感じていたという我々の調査結果にも合致するものである。

Ⅴ 時空間の再検討

　以上，仕事とプライベートの時間的な境界線消滅および空間的なワークスペースの課題を記述してきた。ここで，ここまでのまとめと考察をしてみる。

　コロナ禍による在宅勤務の義務化によって境界が消えて，自宅で公私混同が日常になった。これによって，仕事と家庭がお互いに侵食しないようにそれぞれの時空間を確保する必要性が生じてきた。自分の仕事場を確保するためには，常に配偶者と交渉・調整をしなければならなくなった。そして，自分の中で，自身の仕事と家庭の間で交渉・調整をする必要もあり，意図的に時空間を区切ることも求められる。よく言われている具体的な例では，一定の場所でダラダラと仕事をするのではなくて，定期的に外に出て体を動かすことが仕事をリフレッシュさせ，なおかつ健康にも良い。プライベートな時間を守るために仕事に割いている時間を抑えなければならない。つまり「ワーク→ファミリー」と「ファミリー→ワーク」の両方向のワーク・ファミリー・コンフリクトが在宅勤務の義務化によって高まってきたと考えられる。

　一方，コロナ禍が与える影響は家庭内にとどまらない。アフターコロナにおけるニューノーマルなまちづくりを考えている行政や民間企業も既にこの時空間の変化を考慮して検討を始めている。

　フランスでは，都市計画と生活住環境を再検討している住宅省が次の通り

に予測している。それは，テレワークの構造的な進展により，今後10年間で
イル・ド・フランス[2]だけで330万平方メートル（東京ドーム約71個分または
東京都庁延床面積の17個分）のオフィスが余剰となる。これは現在のオフィ
ススペースの6.5％に相当する。仕事場としての利用も視野に入れつつ，住
宅化を進めていくことも考えられる。

　日本でも，オフィス等の機能や緑を含めた生活圏の今後の在り方について
新しい政策と方向性が検討されている。パンデミックを契機としてオンライ
ン化の進展によるリアルの場に対する影響を考慮して，国土交通省がアフタ
ーコロナの都市の在り方，都市構造・国土構造を再検討している。

　緊急事態宣言によって急遽在宅勤務を強いられた従業員は，学校が休校に
なったり，遠隔教育に切り替えとなった子どもの世話をしなくてはならなく
なった。小学生くらいの子どもは，親の仕事中にもかかわらず家庭内で動く・
親に話しかけるなどをする。そのため親は仕事に集中するための閉鎖された
スペースが必要となる。しかし，世帯の55％しか個室を確保できないのが現
状である。したがって，夫婦による仕事部屋の争奪戦が始まるのである。結
局，この争奪戦には，夫が主に勝利することになるのである。

　政府が推奨している最低25平方メートルのパーソナルスペースの確保を考
えると，在宅勤務専用のワークスペースを確保することは，現状，困難であ
る。実際，今回の我々の調査では，平均的な世帯人数は2.9人であり，1人
当たりの面積は政府の推奨値を大きく下回っていた。

　都市の在り方，都市構造・国土構造の再検討は数年前から始まっている。
このコンセプトとして環境にやさしい，「ソフト」交通手段（自転車，徒歩等）
を充実させていく必要があるだろう。今，パリでは，自転車道が次々に作ら
れている。今回のコロナ禍においてメトロの密集を避けたい従業員がこうし
た自転車道を有効活用している。

　また，徒歩で通勤できるような範囲，人間規模の職住近接型まちづくりも
視野に入れるべきであろう（Orsini and Uchida 2007）。一方，郊外ではワー
クスペース付きマンションやプチ書斎付き戸建て住宅を推進している事例も
見られる。

Ⅵ　もう1人の人格－配偶者の別の「顔」

1．従業員としての配偶者

　コロナ禍による在宅勤務によって夫婦共働きの家庭では，当初は場所を分けて隣同士で円満に仕事をしていただろう。コロナ禍前，仲の良い夫婦がお互いに顔を合わせるのは，夜と週末くらいだったので，昼間も顔を合わせるとなるとコミュニケーションも深まり満足感が高かったであろう。フランス人カップルの中には，普段から子どもの世話や家事を一緒にしている人が多かったが，仕事においても同じ時間と空間を共有することになり，在宅勤務によってお互いの仕事がカップル内の共感を呼ぶようになった。ここで，筆者のフランス・ベルギーでの聴き取り調査，および日刊紙ル・モンド（Le Monde），ル・フィガロ（Le Figaro），経済紙のレ・ゼコー（Les Echos），ラ・トリビューン（La Tribune）等から現場の声を紹介する。

　まずは，フランスの共働きカップルの話である。「彼はプログラマーで，集中してキーボードでカチャカチャ打っています。彼はパソコン画面に向かって話しかけています。それは私には気になりません。私も私でパソコン画面に向かって話しています」と，彼女は彼の行動を寛容に認めている。「私は音楽を聴きながら仕事をするのが好きです。だから，二人で話し合って，私は歌詞のない過去に二人で見た映画音楽をかけ，二人で楽しみながら仕事をしています。彼や私がお互いの同僚と話す必要があるならば，音楽を止めています」。

　別のカップルは，静かに仕事をするために別々の個室を確保している。彼らは，朝から自室にこもって仕事をする。そして昼に2人で一緒に食事を摂ることが楽しみである。コロナ禍の前は，昼食を一緒に摂ることはもちろんないし，出張も多かったため，夕食さえ一緒にとれないことが多々あった。そのため，1日3食一緒に食べるのは，休暇中くらいしかなかった。それを考えると今は1日3食夫婦一緒に食べることができ，幸せに感じている。したがって，コロナ禍が終わると再び出勤しなければならなくなることを懸念

している。

　しかし，夫婦にとって在宅勤務はこのようなメリットだけではない。なぜなら，在宅勤務のストレスが蓄積されると次第に場所取り合戦が起こってくるからである。リモート会議が頻繁に行われると，自然に配偶者の声や彼／彼女の同僚・上司・クライアントの声も耳に入ってくる。

　あるカップルでは，妻が社会科学系の研究者のため，今までもしばしば在宅勤務をしていて，落ち着いた環境で1人になって仕事をするのに慣れていた。そこへコロナ禍によって急遽夫が在宅勤務になった。夫は，仕事に夢中になって落ち着きなく家の中を歩き回る。すなわち，常に妻のスペースを侵害し，妻の机の上に夫の書類を広げ，会議に時間を費やし，身振り手振りをしながら携帯電話を持って家の中を歩き回っている。こうした行動に直面した妻は，夫の意外な一面を見て，「このままでは，私は耐えられない」と感じている。それに対して，夫は満足げな顔で在宅勤務がこのまま続けばいいと感じている。

　こうした現象を見ると，夫は妻の気持ちに全く気が付いていない，もしくは空気を読めないのである。妻の本音は「もう我慢できない！」と言いたいのである。

　また別カップルの妻は，夫が仕事をせずおしゃべりばかりしていることに幻滅した。夫は会社の戦略を考えるポジションにいる。そのため，妻は今まで，夫が独創的な企画を考えることに時間を費やしていると思っていた。しかし，在宅勤務になり，夫の仕事を目の当たりにすると，夫はおしゃべりばかりしていることがわかったのである。夫の行動を見ていると，彼は会議中か，上司と電話で世間話をしているか，同僚とバーチャルなコーヒーブレイクをしているかなのである。こうした光景を見た妻は「一体彼はいつ仕事をしているのか」と疑問に思っている。こうした夫のおしゃべりを妻は一日中聞かされているのである。

　在宅勤務によって夫の「外面（そとづら）」の良さに驚くとともに嫌悪感さえ抱く妻もいる。夫は同僚や顧客に電話することが多々あるが，その気配り上手で思いやりのある言動は，普段家庭では見せないもう1つの顔を垣間

見た感覚になる。ここまで聞いた読者にはとても良い夫像と見えるだろう。しかし，普段夫は妻にこうした姿をほとんど見せないのである。妻は「なぜ彼は同僚には優しくできるのに，私には優しくできないのでしょうか？」と驚く。こうした夫の姿を見ていると，妻は昔の優しかった夫の姿を思い出すのである。「結婚前はあちこち旅行してたのに」「誕生日にはサプライズ企画をしてくれたのに」と。しかし今や，食事のときに料理を褒めてくれるわけでもないし，「いただきます」さえも言わず不愛想な夫なのである。つまり，「親しい間柄になった後は，相手の機嫌をとる必要はない」と思っているのであろう。こうした仕事での機嫌よく愛想の良い「外面（そとづら）」とその真逆の「内面（うちづら）」のギャップを見て，夫の2つの顔を見せつけられていると感じるのである。こうした気持ちが蓄積されていくと妻は，自分の存在意義に疑問を持つのである。

2. コロナによる「自然実験」

　誰もが「夫婦の時間」以外の時間にも生きている。それは例えば，趣味であり，仕事であり，子育てである[3]。強制的な在宅勤務によって配偶者，特に夫のもう1つの顔が明らかになった。そのことは，配偶者を見損なう・見限る危険をはらんでいる。

　日本の場合，夫の収入に大きく依存する家庭では，「夫は職場，妻は家庭」という古い概念があった。時代が流れ，今は「夫は夫の職場，妻は妻の職場」という夫婦の時間以外の空間が別々に存在している。しかし，強制的在宅勤務によって，夫と妻の時間的・空間的位置関係が同一化したのである。従来，夫の定年後にこの夫と妻の時間的・空間的位置関係の同一化が起こっていた。それをきっかけに，「主人在宅ストレス症候群」が現れることがあった。これは，「夫が家にいるだけで体調が悪くなる妻たち」のことを指した言葉である。これが今，強制的在宅勤務によってこれまで明確にはイメージできなかった夫の「定年後の姿」がありありと目の前に現れ，夫の定年後の姿への不安がよぎっているのである。会社に出かけて行き，別々に過ごしていたからこそ覆い隠されていた夫の「本当の姿」に直面し，当惑する妻が増えてい

るのである。とはいえ，この「夫が家にいる」という状況は，遅かれ早かれどの夫婦にも定年とともにやって来る。コロナ禍で義務付けられた在宅勤務は大規模な「自然実験」[4]として見ることもできる。

　ここで注意しなければならないことは，夫の側は，気にしていない，感じてはいないが，妻の側が夫を冷静に観察していることである。したがって，在宅勤務において夫本人の中では葛藤は生まれていない。しかし，夫の在宅勤務での仕事の顔は，配偶者に目撃され，妻の側には，葛藤が生じているのである。

Ⅶ　職種（産業）による男女の違いとコロナの影響

1. フロントラインの「女性不況」

　2008年のリーマンショックの時は，「男性不況」または「マンセッション」（Man-cession）と言われ，製造業や建設業で多くの男性が仕事を失った。ユーロ圏では，2007年から2010年にかけて男性の失業率が3.4ポイント上昇したのに対し，女性は1.8ポイントの上昇でとどまった。日本でもリーマンショック前の2008年3月には3.9％で全く同じだった男女の完全失業率（季節調整値）が2010年9月の段階で男性5.6％と女性4.5％で最大1ポイント以上の差が出ていた。

　一方，今回のコロナショックは，「女性不況」または「シーセッション」（She-cession）と言われ，女性の就業者数が比較的多いサービス業，特に接客業が打撃を受けた。ILOによると，2020年の世界の女性雇用は5％減少した。これに比べて男性は3.9％減にとどまっている。

　フランスでは，コロナ禍によるサービス業への影響が大きい。同国でサービス業に従事しているのは，女性が多い。例えば，ホテル従業員の84％，美容師の83％，介護職の70％，ショップアシスタントの64％，給仕係の57％が女性である。男女平等，多様性，機会均等を担当する首相代理は，主に女性が従事するこれらの仕事は「低賃金であることが多く，社会的にも十分に評価されておらず，不安定な場合もある」と強調している。

日本では，出産により一度退職した場合，正規社員に戻るのには壁がある。そのため，非正規社員として仕事に就くことが少なくない。この非正規社員には，フロントラインであるサービス業が多い。したがって，不特定多数との接触が多く，常にコロナウイルスの感染リスクに晒されているという「心理的負担」も大きい。

　別の問題として，コロナ禍によって，学校が休校になり，誰かが子どもの世話をしなければならなくなった。フランスでは，今まではベビーシッターがやってくれていたが，コロナ禍によってベビーシッターが自由に働けなくなった。したがって，前述したように夫婦のどちらかが子どもの世話をしなければならなくなった。その時，多くの家庭では妻が子どもの世話をすることになる。フランス国立統計経済研究所によると，普段育児を担うのは女性の方が多い。全体では，子どもと暮らす女性の83％が1日4時間以上の育児をしている（男性は57％）。このため，家のことを男性よりも行っているから仕事と家庭の両立が難しくなり，仕事を辞める羽目に陥る。この証左として，同研究所によると，就業者の中で，育児のために母親が仕事を辞める割合は父親の2倍近くにのぼる（21％対12％）。

　したがって，女性はコロナ禍で一番影響を受けている業界で仕事をしているため仕事を失っただけではなく，家庭内での役割として子どもの世話が重くのしかかり，自ら仕事を失うことにもなる。

　こうした状況を鑑みて，フランスでは，パンデミックの経済的・社会的影響を特に受けている短期契約の不安定雇用者や失業者への対策が実施された。こうした労働者は女性に多い。具体的には，彼／彼女らは，2020年11月から2021年5月までの間，月額900ユーロ（約12万円）の最低収入を保証する一時的な支援を受けることができる。この措置は，コロナ禍を理由に臨時雇用や有期契約の数が激減したことの影響を受けた労働者，すなわち，フロントラインであるホテル，レストラン，イベント業界の臨時従業員，季節労働者，派遣労働者などを対象としている。

　一方，日本では，新型コロナによって非正規雇用者が職を失っている。その非正規雇用者は，女性の比率が高い。雇用者全体に占める非正規雇用者の

割合は，女性が53％と，男性の22％を大きく上回る。こうした状況の中，政府は，令和3年3月16日，新型コロナに影響を受けた非正規雇用者等に対する緊急対策関係閣僚会議を開催した。「就業に困難を抱える女性や非正規雇用者が，IT関係など，新たな仕事に移るためのスキルを身に付けるチャンスを拡大する」「1人親（多くは母親）には，月々10万円の給付金付きで，幅広い資格を取得できるコースを用意する」と宣言している。

2. 現場にいるにもかかわらず黙殺される女性の声

フランスでは，コロナ禍において女性は，全体的にはメディアで日常生活に関する取材を受ける姿が多く見られる。一方，専門家や評論家として知識的な視点を提供するニュースを伝えるために放送局に女性が招かれることは，比較的少ない。こうした専門家・評論家は，主に男性に割り当てられた役割のようである。

フランスの人口の52％が女性であるにもかかわらず，国立視聴覚研究所（Conseil supérieur de l'audiovisuel：CSA）と視聴覚最高評議会（Institut national de l'audiovisuel：INA）のデータによれば，コロナ禍のロックダウン（外出禁止）時には女性が41％しか電波に乗っていなかった。また，女性が話している時間は35％と男性に比べてさらに少なくなっている[5]。

一方，本来コロナ禍においてメディアで取り上げなければならないのは，現場の声であろう。例えば，病院のフロントラインにいて，患者を看ている看護師，または検体を採取しPCR検査を実際に行っている臨床検査技師である。こうした看護師および臨床検査技師はいずれもフランスでは，88％が女性である。実際，筆者は当地でコロナの検査を8回受けたが，臨床検査技師の感染リスクは驚嘆に値するものである。筆者は個室に通され，検査技師が筆者の鼻に綿棒を挿入し，ぐるぐる綿棒を回して「un～，deux～，trois～，quatre～，cinq～.（イーチ，ニー，サーン，シー，ゴー）」と5秒数えて検体を採取する。その際，筆者は8回ともくしゃみをしないように耐えたが，いつくしゃみをしてもおかしくない状況である。口マスク状態とはいえ，Face to Faceの至近距離で被験者にくしゃみをされたら，感染リスクは我々

研究者や評論家の仕事とは比べようもない高さである。こうしたリスクと隣り合わせの仕事に毎日直面してひたすら仕事をしなければならない彼女らの精神的プレッシャーは，想像を絶するものである。

　これに対してバックヤードにいる男性が主にメディアに専門家として露出している。

　女性権利大臣（Ministre chargé des Droits des femmes）によると一般女性がメディアで取り上げられている割合はコロナ禍前後でいずれも41％と変化はなかった。しかし，専門家として紹介されている女性は，コロナ禍の前に38％であったのに対して，コロナ禍では，20％に落ちている。

Ⅷ　おわりに

　コロナ禍は，既存の不平等，特に男女間の不平等の拡大をもたらした。女性の多くは，最も不安定な仕事に就いているため，パンデミックによる危機の経済的影響を最初に受けることになる。彼女らはコロナ禍以前に既に不平等と貧困の犠牲者であった。彼女らはコロナ禍への対応のフロントラインにいるにもかかわらず，このような不公平感は今日，さらに顕著になっている。

　コロナ禍の影響で，在宅勤務が義務化され，ワーク・ファミリー・コンフリクトが変化した。特に，同時空間でワークとファミリーが一緒になって境界が不明瞭になった。ワークスペースの確保と「終わらない仕事」に対してのプライベートな時間の確保の必要性が増した。公的な対策（「つながらない権利」，最低収入等）があっても，ファミリー内の調整をしなければならない。つまり，1つは自分の仕事場を確保するための配偶者との「場所取り調整」である。もう1つは，仕事と家庭の間で「時間調整」をすることである。だが，在宅勤務による相手の新たな顔の誕生がその調整を複雑にしている。

　また，女性はフェイスツーフェイスによるフロントラインの職種（産業）に就いていることが多く，コロナ禍の影響を直接的に受けた。そのため，「女性不況」と呼ばれるように，女性労働者は職を失うことになった。さらに，

こうした女性は現場にいて，メディアはこうした女性の声を積極的に報道すべきなのに，バックヤードにいる男性が主にメディアに専門家として露出している。すなわち，女性はメディアからも黙殺されているのである。

　今まで負の影響ばかり述べてきたが，コロナ禍による女性へのポジティブな影響も少なからずある。例えば，最近の投資家は，ESG（環境・社会・ガバナンス）の観点から会社を評価し，投資してきた。今回のコロナ禍によってこのESGの中でも「社会」の重要性をさらに認識し出している。一例として，年金積立金管理運用独立行政法人は，男女共同参画のランキングが高い企業に，他の企業よりも多くの資金を投入している。企業が男女共同参画を推進することによって，多様性を持った会社や社会を作り上げることになるのである。

注

1　RTT（Réduction du temps de travail），直訳で「労働時間短縮」は，週35時間労働をオーバーした際に発生した時間分を別の日に有給休暇として取得できること。

2　パリ首都圏，人口1,100万人。

3　日本の場合は，子育てを夫婦の時間と捉えることが多い。しかし，フランスの場合，「夫婦の時間」の捉え方は違っている。すなわち，子どもがいても，純粋にカップルの時間を大切にしているのである。例えば，ベビーシッターに子どもを預け，カップルで遊びに行くという習慣も通常のことである。

4　研究者が意図的に被験者を集めたり，条件を操作したりするのではなく，実社会に自然に生じた現象の原因と結果を観察することにより，因果関係を考察したり，ある条件の有無が結果にどのように影響するかを比較したりする実験。主に社会学・心理学の分野で行われる（『デジタル大辞泉』（小学館））。

5　フランスの男性が自己主張が強くて長時間話しているのか，メディアが（意図的に）女性の話をカットしているかは定かではないが。

参考文献

Eurofound and the International Labour Office（2017）*Working anytime, anywhere: The effects on the world of work*, Publications Office of the European Union, Luxembourg, and the International Labour Office, Geneva. http://eurofound.link/ef1658（2021年2月28日最終アクセス）.

International Labour Organization（2020）*An employers' guide on working from home in response to the outbreak of COVID-19*, International Labour Office.

Kazekami, S. (2020) Mechanisms to improve labor productivity by performing telework, *Telecommunications Policy*, Vol.44 No.2, 101868.

Magnier-Watanabe, R., P. Orsini, C. Benton, T. Uchida and K. Magnier-Watanabe (2020) The Coronavirus and Mandatory Telework from Home: Effects on Regular Workers' Subjective Well-being, New Male Roles, and Job Productivity「新型コロナウイルスによる強制的な在宅勤務は，主観的な幸福・仕事の生産性・男性の役割にどのように影響したか？」University of Tsukuba Program to Apply the Wisdom of the University to tackle COVID-19 Related Emergency Problems.

Orsini, P. and T. Uchida (2007) Enticing Business with Social Capital. Urban policies of France's Largest Provincial City, Lyon『日本大学ビジネス・リサーチ』No.5, pp.43-69.

Takami, T. (2018) "Challenges for workplace regarding the autonomy of working hours: Perspective for the prevention of overwork," *Japan Labor Issues*, Vol.2 No.5, pp.50-63.

山本靖，内田亨，オルシニ・フィリップ (2020)「これからの働き方改革と健康経営における労働問題―『つながらない権利』を中心に―」『新潟国際情報大学経営情報学部紀要』Vol.3, pp.117-128.

内田 亨
オルシニ フィリップ
マニエー渡邊 馨子
マニエー渡邊 レミー
ベントン キャロライン

コロナ禍で再認識される
テレワーク

I　はじめに

　日本におけるテレワークは2000年以降，政府がテレワークをIT国家戦略の一環として位置付け推奨したことで注目されるようになった（下崎・小島2007）。テレワークは，社会的，経営的，経済的，環境的な面などでの様々な問題解決に寄与すると考えられている。企業にとってのテレワークは働き方の柔軟性や生産性の向上につながる（Kitou and Horvath 2008）。また社員にとってのテレワークのメリットはワーク・ライフ・バランスの向上や，通勤による疲労やストレスの解消であり，さらに社員の自主性も重んじることができる（Laffitte and Trégouët 2002）。加えて環境面では，大都会の交通混雑の緩和とCO_2削減に効果的であり，また都市集中を避け，地方分散を可能とする（Guigou 1998）。そのうえ，社会面では過疎地の失業対策に貢献でき，マイノリティの人々の労働市場への参加を促す（Baruch and Nicholson 1997; Neufeld and Fang 2005; De Beer 2006; Taskin 2010）。

　2020年に発生した新型コロナウイルスによるパンデミックに対し，テレワークは経済活動の継続手段としてOECD諸国において大いに推奨された。日本でも政府は国民に対し不要不急の外出の抑制や「三密」の回避と併せて，テレワークの推進を強く要請した。このテレワークの活用は日本では既に自然災害時の事業継続対策として使われてきた歴史がある。例えば1995年の阪神・淡路大震災時や（Sato and Spinks 1998），2011年の東日本大震災時や（柳原・吉澤 2013; 吉見・藤田 2012），2009年に発生した新型インフルエン

ザ時等でも使われた。しかし今回のコロナ禍でのテレワークの利用は，政府の強力な要請と支援によって多岐にわたって活用されることになった。

第2節では日本におけるテレワークの発展の歴史について述べ，第3節ではパンデミック前のテレワーク利用状況について考察し，第4節ではコロナ禍でのテレワークについて語り，第5節では日本におけるテレワークの普及の阻害要因を検証する。

Ⅱ　日本でのテレワークの発展と推移

テレワークとはテレ（離れた所）とワーク（働く）を合わせてできた造語で「情報通信技術（Information and Communication Technology：ICT）を使った場所や時間にとらわれない柔軟な働き方」のことを言う。テレワークには働く場所による区分と就業形態による区分が存在する。働く場所での区分は，在宅利用型テレワーク（オフィスに出勤せず自宅で仕事を行う）とモバイルワーク（顧客先，移動中，出張先のホテル，交通機関の中，喫茶店等でパソコンや携帯電話等を使って仕事を行う）とサテライトオフィス勤務（自社専用のサテライトオフィスや共同利用型のテレワークセンター等で仕事を行う）の3つに分けられる。就業形態による区分は，雇用型テレワーク（企業に勤務する被雇用者が行うテレワーク）と自営型テレワーク（個人事業者・小規模事業者等が行う）の2つの形態に分けられる。

テレワークは元々アメリカで1970年代に，エネルギー危機への対応とマイカー通勤による大気汚染の緩和を目的として，ロサンゼルス周辺で始められたと言われている（Nilles 1975）。テレワークが日本で初めて導入されたのは，1980年代に入ってからである。その後，いくつかの段階を経て，徐々に発展してきた。日本のテレワークの歴史と推移は6段階に分けられる。

1. 第一段階　サテライトオフィス実験

日本でのテレワークの取り組みは，1984年に吉祥寺でNTTと日本電気（NEC）によって「吉祥寺サテライトオフィス勤務実験」が開設されたのが，

最初とされている（下崎・小島 2007）。しかし，この勤務実験はNTTによって開発されたINS[1]を中心としたものである。テレワーク自体に主眼を置いて行われた国内初の事例は，1988年に富士ゼロックス，内田洋行，住友信託銀行，鹿島建設，リクルートの5社が志木市（埼玉県）で行った「志木市サテライトオフィス実験」である。その後1991年まで次々と実験型サテライトオフィスが開設されていった（日本テレワーク協会 2009）。1991年には日本サテライトオフィス協会も開設された。また同時代には，豊かな自然環境の元で仕事をすることで，生産性，創造性が高められると考えられ，阿蘇，白浜，安曇野，八ヶ岳山麓，葉山，軽井沢，ニセコ等でリゾートオフィスが開設された（Spinks 1991; 松岡ら 2016）。しかし，1990年にバブルが崩壊すると共に，サテライトオフィス実験にもリゾートオフィスにも陰りが見えてきた。

2. 第二段階　テレワークの普及とモバイルワークの定着

　バブル崩壊の影響を受けて，テレワーク実験は下火になったが，1990年代後半には，インターネットの普及，小型軽量化されたノートパソコンの普及と共に，テレワークは再び注目を浴びるようになった。この時期，普及したネットワークや通信技術を利用して，いかに仕事の効率を上げるかが論じられる中で，モバイルワークが登場した（下崎・小島 2007）。また，この時期は，リストラや脱サラが問題となった時代でもあり，ICTを使って自宅で就労するという新たな働き方であるSmall Office Home Office（SOHO）[2]という就労形態が生まれた。一方，バブル崩壊後のコスト削減の一対策として，社内の固定席を廃止するフリーアドレスオフィスが実験的に行われた（下崎・小島 2007）。

3. 第三段階　テレワークが国家戦略の一環となる

　テレワークは黎明期から企業中心で推進されてきたが，2000年代に入ると，国家戦略であるe-Japan戦略に位置付けられた。2003年のe-Japan戦略Ⅱでは2010年までに，テレワーカーを就業者の2割とする目標が掲げられた。政府

はこの目標を達成するに当たり，企業テレワーク導入ガイドラインや，公務員のテレワークに関する制度等の整備を行ったが，雇用型テレワークの普及は政府の思惑通りには進まなかった（下崎・小島 2007）。

4．第四段階　テレワークが事業継続計画のツールとなる

　停滞していたテレワークに対する関心を再燃させるきっかけとなったのが，2009年に，日本で猛威を振るった新型インフルエンザである。この時期，社員が出社できなくなった場合に備え，業務遂行ができるように，自宅利用型テレワークを導入する企業が増加した。また新型インフルエンザが落ち着いた後の，2011年には東日本大震災が起こり，テレワークは事業継続の有力なツールとして再び注目された。また，東日本大震災後は，政府による「電力使用制限」を受け，エネルギー削減を目的にテレワークを導入する企業も現れた（柳原・吉澤 2013）。しかし，節電計画も終わり，状況が回復するにつれ，事業継続プラン（BCP）に対する関心も薄れ，テレワーク導入運動は再び下火になった。

5．第五段階　少子高齢化対策としてのテレワーク

　2013年になると日本政府は「世界最先端IT国家創造宣言」を出した。この宣言には，2020年までに週1日以上，終日在宅で就業する雇用型在宅型テレワーカー数を，全労働者数の10%以上に上げると謳われ，テレワークは再び注目されるようになった。こういった宣言の背景には，深刻な労働人口の減少があった。

　日本の労働人口は2010年には，6,630万人であったが，2020年には6,190万人に，さらに2030年には，5,680万人へと減少していく見通しになっている。20年以内に日本の労働人口は，約950万人弱が減少してしまうと推測されている（厚生労働省 2012）。

　日本政府は労働人口減少対策として「多様な人材，多様な働き方」を提唱し育児や介護による離職防止，現役社員の生産性の向上，または労働市場に参加していない女性や高齢者の有効活用等，様々な施策を打ち出している。

中でも，その解決策の1つとしてテレワークには大きな期待が寄せられた。

6. 第六段階　コロナ禍によるテレワーク普及

　日本政府は2020年4月11日，新型コロナウイルス感染拡大防止の観点から，特別措置法に基づく「緊急事態宣言」を発出した。4月11日の段階では，7都道府県に限定されたものであったが，その後4月16日には全国へと拡大した。この緊急事態宣言には，感染拡大防止に向けて，全ての企業に対し，出勤者を最低7割減らすよう要請があった。政府は特に中小企業等には，事業継続緊急助成金や様々なツール利用料などの多様な支援も行った。これにより，テレワークは一挙に注目を集めることになった。

　これまで，日本のテレワークは，平坦に推移してきたわけではなく，いくつかのステップを経て発展してきた。第3節では今回のコロナパンデミック前後の，日本のテレワークの利用状況を考察していく。

Ⅲ　パンデミック前のテレワーク利用状況

1. テレワークの消極的利用

　テレワークは日本政府にとっての重要な政策であったため，豊富で精度の高いデータが継続的にとられて来た。中でも2002年に始まった国土交通省の「テレワーク人口実態調査」は，ここ約20年の日本のテレワーク普及状況を把握する上での，貴重なデータとなっている。「テレワーク人口実態調査」の最新版（2020年）を見ると，日本でコロナウイルス感染者が発生する直前の，2019年11月のテレワーク利用状況がよくわかる。このデータによると雇用型テレワーカー数は，全労働人口の14.8%であった。データを取り始めた2002年の5.7%に比べると利用者は，およそ3倍に伸びてはいるが，ここ数年の伸び率は停滞し，2018年から2019年では，若干の減少さえ見られた（**図表6-1**）。

　また，2017年に政府が打ち立てた，テレワーク制度に基づく雇用型テレワーカー数は，2020年までの目標を15.4%としているが，2019年度の実質利用

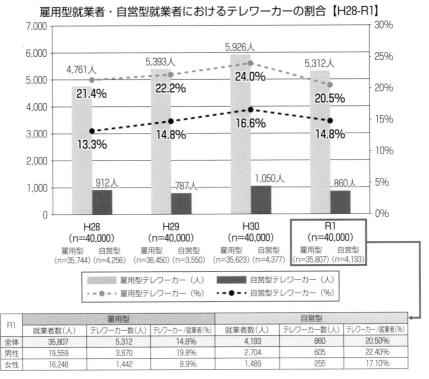

●図表6-1　テレワーカーの割合【平成28〜令和元年度の推移】●

雇用型就業者・自営型就業者におけるテレワーカーの割合【H28-R1】

R1	雇用型			自営型		
	就業者数(人)	テレワーカー数(人)	テレワーカー/就業者(%)	就業者数(人)	テレワーカー数(人)	テレワーカー/就業者(%)
全体	35,807	5,312	14.8%	4,193	860	20.50%
男性	19,559	3,870	19.8%	2,704	605	22.40%
女性	16,248	1,442	8.9%	1,489	255	17.10%

（出所）国土交通省（2020）

実態は9.8%に過ぎず，この数値からも政府の普及拡大構想と現実の間には，かなりの隔離が見られる（国土交通省 2020）。

　さらにデータを分析する際には，テレワーカーの定義にも留意しなければならない。2020年の国土交通省の調査では「これまで，ICT等を活用し，普段仕事を行う事業所・仕事場とは違う場所で仕事をしたことがある人」を単にテレワーカーとみなしている。テレワークを行う場所や，時間，頻度等は問われないため，テレワークの概念は広義なものとなる。しかし，2016年の「テレワーク人口実態調査」では，テレワーカーの利用者の内訳が分類され

ていたために，より詳細なデータが把握できた。雇用型テレワーカー総数
（13.3％）以外に，雇用型在宅テレワーカー数（5.06％），雇用型終日在宅テ
レワーカー数（2.7％）と分類されていた。2016年の雇用型終日在宅テレワ
ーカー数が，わずか2.7％と示されていたことから，日本でのテレワーク利
用は短時間で不定期的なものとして扱われていることが推測される。さらに
欧州での定期的テレワーク利用者数（オランダ14.1％，フィンランド14.1％，
ルクセンブルク11.6％，オーストリア9.9％，フランス7％（Eurostat 2020））
と比較しても日本のテレワーク利用は消極的だと言える。

2. テレワーク利用の差異について

　日本のテレワーク普及は普遍的な普及過程ではなく，企業規模，職種，地
域，就労者の性別，年齢などによって差異がある。

　2020年に総務省が行ったテレワークの導入企業規模別調査によると，その
導入の全体の割合は20.1％であるが，従業員2,000人以上の大企業では60.8％，
500人〜999人では22.5％，100人〜299人では15.1％である（総務省 2020）。
このことから企業の規模が大きい程，テレワークの導入率が高いことがわか
る。さらに，テレワーク制度の導入率も大企業ほど，同様に高くなっている。
就業者1,000人以上で24.2％，100人〜299人では8.6％， 1 〜19人では4.1％と
なっている（国土交通省 2020）。

　また，テレワークの導入率は業種別によっても大きな差異が生じている。
最も導入率が高い産業は，情報通信業で46.5％，次いで金融，保険業が40.9
％，そして不動産業が25.4％，運輸業と郵便業は低く11.7％となっている（総
務省 2020）。さらに地域別においても差異が見られる。首都圏での導入は
18.4％で，地方都市では12％となっている（国土交通省 2020）。

　加えて，テレワークの利用率は，就業者の年齢，性別によっても差が生じ
ている。年齢別では中高年層に比べ，40歳未満の若い就業者に比較的利用者
が多く，性別においては，女性の利用者は，全ての年代で男性の約半数以下
となっている（**図表6-2**）。そもそもテレワークは，働き方改革の一環として，
ワーク・ライフ・バランスの向上と女性雇用の拡大を目指して推奨されてき

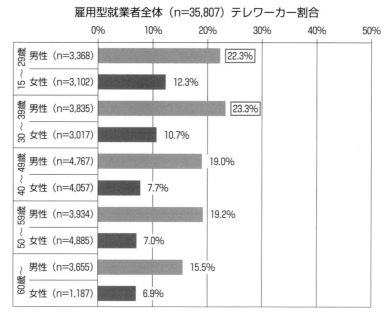

●図表6-2　性年齢別雇用型テレワーカーの割合●

雇用型就業者全体（n=35,807）テレワーカー割合

15〜29歳	男性（n=3,368）	22.3%
	女性（n=3,102）	12.3%
30〜39歳	男性（n=3,835）	23.3%
	女性（n=3,017）	10.7%
40〜49歳	男性（n=4,767）	19.0%
	女性（n=4,057）	7.7%
50〜59歳	男性（n=3,934）	19.2%
	女性（n=4,885）	7.0%
〜60歳	男性（n=3,655）	15.5%
	女性（n=1,187）	6.9%

（出所）国土交通省（2020）

たはずであるが，女性の利用率が低いというのは不可解に思われる。しかし，女性は比較的に非正規社員として雇用されたり，パート勤務が多いことなどから，テレワークの申請ができなかったり，そもそも必要としていないことなどが考えられる。

3. コロナパンデミック前のテレワークの利用動向

　パンデミック以前のテレワーク普及過程においてもいくつかの動きが見られた。その1つは，テレワークを導入する企業の業種の拡大である。テレワークの黎明期において，テレワークを導入する企業はIT企業や外資系に集中していた。しかし，時代とともに多様な業界に拡散し，導入率も向上してきた。2017年から2019年の2年の間に，金融・保険業では29.8％から40％，

不動産業界では9.5％から25.4％，建設業界では12.1％から22.5％と飛躍的に伸びている（総務省 2020）。

　また，テレワーク利用社員の対象を広げる企業が増えてきていた。堀場製作所，住友商事，株式会社USEN-NEXT HOLDINGSなどでは，社内規程で，希望する全ての社員にテレワークの利用を認めている。このような企業は2019年で，5.2％と，まだ少数ではあるが，2015年の3％から比べたら徐々にではあるが，拡大する傾向にある（国土交通省 2016 ; 国土交通省 2020）。また，日商エレクトロニクスやMSD株式会社のように，日数無制限のテレワーク在宅勤務制度を導入している会社も出てきている。

　さらに近年の傾向として，サテライトオフィス，レンタルオフィス，シェアオフィス，コワーキングスペース等の増加も注目されていた。地下鉄や駅等にもテレワーク空間を設置する動きが出始めて，富士ゼロックスは2018年に東京メトロ構内に「ワークブース」を実験的に設置した。またJR東日本は2019年に駅ナカシェアオフィス「STATION WORK」を本格的に開始した。このようにテレワークが可能な場所は拡散していった。

　また，ワーケーションという新しい働き方も出現した。ワーケーションとは，ワーク（仕事）とバケーション（休暇）を組み合わせた造語で，観光地やリゾート地等の休暇先で，テレワークをすることを意味する。こういう新しい働き方でも，テレワークは活用されるようになってきていた。

　さらには，テレワーク導入の動機にも変化が現れていた。元々，通勤時間の短縮やワーク・ライフ・バランスの向上等の福利厚生を目指して，導入していた企業が多かったが，近年では生産性の向上を目的とした，より戦略的なアプローチでテレワークを導入する企業が増えた。また，労働人口が減少する中，優秀な人材の確保や定着を目的として，テレワークを導入する企業も増えていた。女性や障害者，外国人，介護者等の人材を活かすためにも，ダイバーシティやインクルージョンの観点からのテレワークの導入も増える傾向が現れていた。

　このようにテレワークは政府の当初の目標数には及ばなかったが，一方多様な形態をとって広がりを見せていた。第4節ではコロナパンデミックがテ

レワーク利用に及ぼす影響について考察していく。

Ⅳ　コロナ禍のテレワーク

1. テレワーク利用率の変動

　日本では2020年1月15日に神奈川県で，初のコロナ感染者が確認された。その後2月25日に，政府は「新型コロナウイルス感染症対策基本方針」を発出し，企業に対し可能な限りテレワークを積極的に活用するよう呼びかけた。この方針に応じて，テレワークを活用する企業は増え始めた。国土交通省が3月9日から10日にかけて行った「新型コロナウイルス感染症対策におけるテレワーク実施実態調査」によると，テレワーク制度導入企業でのテレワーク実施率は52%，一方テレワーク制度のない企業では14.8%であった。制度の有無にかかわらず利用率は共に上がっている。しかしテレワークの利用率が本格的に上昇するのは，4月7日に7都道府県に対して「緊急事態宣言」が発出された以降である。パーソル総合研究所が行ったアンケート調査によると，正社員のテレワーク実施率は，3月の13.2%に比べ，4月中旬では27.9%と倍増している（パーソル総合研究所 2020）。また緊急事態宣言が解除された後の6月には，正社員のテレワーク実施率は全国平均で25.7%と，4月のピーク時に比べると，2.2ポイント削減していることがわかる（**図表6-3**）。

　ただし，テレワーカーの定義によっては，テレワークの利用率に，かなりの差が出てくる。例えば，テレワークの利用者を，在宅利用型テレワークとサテライトオフィス勤務に限るとして調査を行っているOkubo（2020）によれば，1月の実施率は3%，3月で10%，6月では17%と，全体の利用者率は低い。しかし，テレワークの定義に相違があっても，コロナ禍でのテレワーク利用率はいずれにしろ大きく上昇したと言える。

　このようにコロナ禍はテレワークの利用率を上げると共に，日本人の「テレワーク」に対する認知度も高める結果となった。2019年の国土交通省の「テレワーク人口実態調査」によると，「テレワーク」という言葉を認識している人は70.2%[3]だったが，2020年3月の「新型コロナウイルス感染対策におけ

●図表6-3　テレワーク実施率の推移●

3月9日 − 3月15日	▶	7都道府県の緊急事態宣言後 4月10日 − 4月12日	▶	緊急事態宣言解除後 5月29日 − 6月2日
テレワーク実施者 **13.2**%		テレワーク実施者 **27.9**%		テレワーク実施者 **25.7**%
	実施率 **2.1倍**		実施率 **−2.2pt**	
テレワーク非実施者 **86.0**%		テレワーク非実施者 **70.3**%		テレワーク非実施者 **72.3**%
業務自体なし **0.8**%		業務自体なし **1.7**%		業務自体なし **2.0**%
正社員 n=21,448		正社員 n=22,477		正社員 n=20,000

（出所）パーソル総合研究所（2020）「第三回・新型コロナウイルス対策によるテレワークへの影響
に関する緊急調査」

るテレワーク実施実態調査」では，コロナ感染症対策として，政府が行って
いる「テレワーク」活用の呼びかけを認知していると答えた人は90％であっ
た。設問の仕方に違いはあっても，わずか4ヵ月で「テレワーク」という言
葉の認知度は飛躍的に伸びたと言えるのではないか。

2. テレワーク利用率の格差の広がり

　コロナ禍は，テレワーク利用率の格差を様々なところで拡大させた。地域
別では，首都圏と地方の格差がより顕著になった。ピーク時の4月の実施率
を見ると関東地方の東京都（49.1％），神奈川県（42.7％），千葉県（38％）
が高く，次いで近畿地方の大阪府（29.1％），奈良県（27％）が続いている。
他方，地方においては，山口県の4.7％，長崎県・秋田県・岩手県などが共
に6.2％と低くなっている（パーソル総合研究所 2020）。

　また，コロナ禍は業種ごとにおいても格差をさらに広げた。元々利用率が
高かった業種の情報通信業では63.9％，学術研究，専門・技術サービス業等

では52％と高い導入率を示した（パーソル総合研究所 2020）。一方，テレワークの利用が以前から困難とされていた業種での利用は鈍く，医療・介護・福祉関係では4.3％と，依然として低く，業種別格差はさらに広まった。

　次いで，コロナ禍は，企業規模による格差も拡大させた。慶應義塾大学・NIRA（2020）のアンケート調査によると，企業規模が大きくなるにつれ，テレワークの利用率が高くなっている。500人以上の企業では１月から４月にかけてテレワーク利用率は30％強と大幅に上がっているのに対し，１人から４人の企業ではわずか５％の伸びしか見られない。

3. コロナ禍のテレワークの問題と課題

　コロナ禍はテレワークの利用率を拡大させた一方，いくつかの問題も浮上させた。国土交通省（2020）によると，感染症対策の一環としてテレワーク（在宅勤務）を実施した人で，何らかの問題があったとした人は72.2％と高い割合を占めている。

　これらの問題については多くの調査がなされているが，企業側，就業者側のいずれからも，設備的な問題が最も大きいと指摘されている。例えば東京商工会議所（2020）の企業調査では，ネットワーク環境の整備（56.7％）とPC・スマホ等機器の確保（55.9％）が一番の問題とされている。また，日本経済新聞社（2020）の調査によると，PC・システム・ツールの導入が不十分とする社員が５割弱，また自宅のインターネット環境が不十分との理由で在宅勤務が不可能とする社員が大企業において３割以上と高い割合を占めている。さらに，国土交通省（2020）の調査によると「会社でないと閲覧・参照できない資料やデータなどがあった」ことを問題としている人が26.8％であった。また，スタッフサービス・ホールディングス（2020）の調査でも，プリンターやスキャナーがなく，紙の書類のやり取りができないとした人が40.8％と高い数値を示している。このようにテレワークの仕事環境が整っていないことから多くの問題が発生している。

　次に，従業者が問題と感じていたのが，コミュニケーションに関するものである。スタッフサービス・ホールディングス（2020）の調査によると，テ

レワークで感じたデメリットとして「社内コミュニケーションが減った」と回答した人が45.3％，またNTTデータ経営研究所他（2020）の調査によっても，上司・部下・同僚とのコミュニケーションがとりにくいと回答した人が37.7％，東京商工会議所（2020）の調査でも，社内コミュニケーションがとりにくいと回答した人が55.5％と，いずれの調査からもコミュニケーションが大きな課題となっているのがわかる。

　その他に在宅勤務による問題として取り挙げられているのが，私生活との切り分けの難しさや，運動不足の問題，男女間の家庭内環境の差などである。例えば，スタッフサービス・ホールディングス（2020）によると，勤務時間の線引きが困難である（29％），仕事のオンオフがしにくい（26.8％），運動不足になる（46.8％）等の回答があった。また，積水ハウス住生活研究所（2020）によれば在宅時間の増加にストレスを感じている女性は70％と男性より約2割多いことが報告されている。

　これらのほとんどの問題は以前から指摘されていたことではあるが，コロナ禍という特異な状況下で実施されたため，問題はさらに大きく表面化したと考えられる。理由としては緊急であったため準備が整わないまま開始されたことや，実施期間が長期にわたったことでコミュニケーションの問題が高まったと考えられる。さらには「緊急事態宣言」の発出によって，外出制限や学校封鎖など，非日常の中での在宅勤務は，特に家事や育児をこなす女性にとっては，男性以上に困難だったと思われる。

4. 欧米との比較によるテレワーク利用率の低さ

　今回のコロナ禍で，日本のテレワークの利用率は飛躍的に伸びたが，欧米には及ばなかった。欧州においても，コロナ禍を契機に多くの就業者がテレワークにシフトしている。中でも，シフト率が大きかったのがフィンランドで60％，次いでルクセンブルク，オランダ，ベルギーが50％以上，デンマーク，アイルランド，スウェーデン，オーストリア，イタリアで40％以上と，高い比率を出している（Eurofound 2020）。またアメリカにおいては5月半ばでのテレワーク利用率は，60％以上を記録している（JETRO 2020）。こ

のように欧州の状況と比較すると，日本ではコロナ禍においてもテレワークはそれほど活用されていないことがわかる。

　第５節ではこのようにテレワークが，日本で普及されていない理由を考察していく。

Ｖ　日本におけるテレワーク普及阻害要因

1. 日本のコロナ禍の状況と対策の特徴

　今回テレワークの利用者が伸びなかった理由をコロナ禍に特化すると，２つ考えられる。１つ目は感染者数，死亡者数共に欧米に比べ圧倒的に少なかったことで[4]，日本の企業は欧米ほどテレワークの必需性がなかったと考えられる。２つ目は，日本政府の法的なコロナ対応策に依拠するものと考えられる。日本政府は緊急事態宣言を発出し，企業に対しテレワークの積極的な活用を要請はしたが，欧州諸国のような拘束性のあるものではなかった。例えば，フランスでは，大統領令によって，テレワークで可能な仕事は，全てテレワークで行うよう義務付けられ，特例として出勤する際には，許可が必要となり，テレワークは常態化された。このように，テレワーク利用率は国の法的効力によるところも大きいと考えられる。

2. コロナ禍以前の阻害要因

　上記では，今回のコロナ禍での，テレワークの利用が比較的少なかった要因を述べたが，ここでは，コロナ禍以前のテレワーク普及を妨げていたいくつかの要因について述べる。以前の研究でMartine（2020）は主な阻害要因を，物理的，社会的，労務慣行，労働組合の反対の４つにまとめている。物理的なものとしては，労務管理ソフトが依然として高価であることや，自宅内にオフィススペースの確保が困難であることを挙げている。社会的な面では，日本の伝統的な家庭内役割分担が，在宅でのテレワークを妨げてきた原因の１つと捉えている。家で家事や育児を担当する妻（特に専業主婦）には，夫の在宅勤務に抵抗を感じる傾向が指摘されている。またテレワークという

働き方に対する認知度が低かったため[5]，妻に家事や育児の手伝いを要求されるという声も聞かれた。

そして，最も大きい阻害要因として考えられているのが，日本の独特の労務慣行である。日本独自の経営システムである終身雇用制度は，新卒者を一括採用し，新入社員の教育に投資を行い，企業を支える人材として育て上げる。そして年功に応じた賃金を給与し，安定した企業生活を定年まで全うさせることは，社員の忠誠心や，チームワーク形成の強化につながっている。こうして日本企業は独自の就労文化を築いてきた。この労務システムは欧米のジョブ型に対して，メンバーシップ型と呼ばれ，対面でのコミュニケーションが重視されてきた。チームワークを重んじるこの働き方では，上司から部下への指示も多岐にわたり，コミュニケーションがより重要となっているため，テレワーク仕様は日本の働き方には適さない。また，ペーパーワークが多く，決済書類や稟議書でハンコの押印が必要なことからも，出勤しないテレワークは，仕事の進捗の妨げとなっている。労働組合の反対については，企業によっても差異はあるが，労働組合がテレワークに異を唱え，導入や制度化ができない企業も存在しているという。労働組合がテレワークに反対する主な理由として挙げているのが，残業の増加や，過労の恐れ，または職種によっては利用できない社員もいるために不平等であると訴えている。

これまで述べてきた阻害要因とは別に，日本でテレワークの普及が遅れがちなもう1つの重要な要因として，テレワークの法的枠組みの不備が考えられる。例えば，アメリカでは2010年に「テレワーク強化法」が整備され，欧州でも2002年には「テレワークに関する枠組み合意」がなされている。特にフランスにおいては，2012年に，テレワークに関する事項が労働法典に加えられ，2017年のマクロン・オルドナンス（政府の委任権限に基づく法規）によって，テレワークを希望する全ての社員が申請できるようになった。企業側は正当な理由がない限り，それを拒否できず，また拒否する場合は書面で解答するものとした。このようなテレワークの法的枠組みが不十分な日本においては，テレワーク利用は常に企業主体となっている。

Ⅵ おわりに

　欧米に比べ，テレワークの利用率は高くはなかったが，今回のコロナ禍は多くの日本の企業と，就業者にとってはテレワークを初めて体験する機会にもなった。また，この危機は，行政や企業にとってもこれ迄の日本の伝統的な慣習や，働き方を見直す契機にもなった。例えば，在宅勤務の大きい妨げとなっている判子文化に対し，河野行政改革大臣は「ハンコレス」を発案するなど，変化の兆しが現れた。また，「ワーケーション」という新しいテレワークの使い方は，環境省の支援が決まり，温泉やアミューズメントパーク等，オリジナルな場所でのテレワークも可能となるなど，空間的な広がりも見せている。このように，コロナ以前には見られなかったテレワークへの期待は高まってきている。

　しかし，今後の動向を注意深く俯瞰していかなければならない。近い将来では，日本のパンデミックの状況と，行政の方針が，テレワークの利用度を左右していくと思われる。今現在も日本の感染率は上昇し続け，1月7日から，1都3県に「緊急事態宣言」が再度発出されることからも，この先しばらくはテレワークの需要は続くと考えられる。しかし，この危機が収束した後も，同じように使われるかは疑問である。将来テレワークが欧米のように発展していくには，阻害要因の中でも特に日本独自の根強く残る就労慣行の見直しが必須と考えられる。ハンコレスやペーパーレス等の電子化の推進，就業者の評価プロセスの見直し，上司の元での長時間残業の廃止，さらにはテレワークに対する法的枠組みの整備などは，重要な課題と考えられる。このような，抜本的な改革がなされない限り，日本でのテレワーク利用の常態化は困難であろう。

注
1　INSとはInternet Network Systemの略で，日本初のインターネット回線である。
2　SOHOとは小さなオフィスや自宅で就労をする人々を示す。

3 テレワークという働き方を知っていたと答えた人は32.7％，聞いたことはあるが内容はよく知らないと答えた人は37.5％。

4 https://www.worldometers.info/coronavirus/#countries〔2021年1月3日最終アクセス〕．

5 平成28年度の国土交通省の「テレワーク人口実態調査」によると，「テレワーク」という言葉を聞いたことがないと回答した人は46.7％，または聞いたことはあるが内容は知らないという人は34.9％でテレワークに対する認知度は低かったことがわかる。

参考文献

Baruch, Y. and N. Nicholson（1997）"Home, sweet work: requirements for effective home working," *Journal of General Management*, Vol.23 No.2, pp.15-30.

de Beer, A.（2006）"Le télétravail en perspective," *Futuribles*, No.317, pp.59-78.

EUROFOUND（2020）*Living, working and COVID-19: first findings*, Dublin, April 2020.

EUROFOUND and the International Labour Office（2017）*Working Anytime, Anywhere: The Effects on the World of Work*, Publications Office of the European Union , Luxembourg, and the International Labour Office, Geneva. http://eurofound.link/ef1658〔2021年1月3日最終アクセス〕．

EUROSTAT（2020）*How usual is it to work from home?*, Source dataset: lfsa_ehomp.

Guigou, J-L.（1998）*Télétravail, téléactivités: outils de valorisation des territoires*, Paris: La documentation française.

JETRO（2020）『新型コロナウイルスのアメリカビジネス（ニューノーマル（新常態））への影響』JETRO/IPA New York.

Kitou, E. and A. Horvath（2008）"External Air pollution costs of telework," *The International Journal of Life Cycle Assessment*, Vol.13 No.2, pp.155-165.

Laffitte, P. and R. Trégouët（2002）*Les conséquences de l'évolution scientifique et technique dans le secteur des télécommunications*, Paris: Sénat, Office parlementaire d'évaluation des choix scientifiques et technologiques.

Martine, J.（2020）"Managing teleworking: issues and barriers for Japanese companies," in *The Changing Global Environment in Asia and Human Resource Management Strategies*, Nova Science Publishers, New York, pp.239-256.

Neufeld, D.J. and Y. Fang（2005）"Individual, social and situational determinants of telecommuter productivity," *Information & Management*, Vol.42 No.7, pp.1037-1049.

Nilles, J.M.（1975）"Telecommunications and organizational decentralization," *IEEE Transactions on Communications*, Vol.23 No.10, pp.1142-1147.

NTTデータ経営研究所他（2020）『緊急調査:パンデミック（新型コロナウイルス対策）と働き方』2020年4月20日。

Okubo, T.（2020）"Spread of COVID-19 and telework: Evidence from Japan," *Covid economics: vetted and real-time papers*, No.32, pp.1-25.

Sato, K. and Spinks, W.A.（1998）"Telework and crisis management in Japan", In Jackson,

P.J. and Van der Wielen, J.M.（Eds）, *Teleworking: International Perspectives, From Telecommuting to the Virtual Organisation*, London: Routledge.

Spinks, W.A.（1991）"Satellite and resort offices in Japan," *Transportation*, Vol.18, pp.343-363.

Taskin, L.（2010）"La déspatialisation. Enjeu de gestion," *Revue française de gestion*, No.202, pp.61-76.

慶應義塾大学, NIRA（2020）『第2回テレワークに関する就業者実態調査報告書』.

厚生労働省（2012）『雇用政策研究会報告書』雇用政策研究会, 2012年8月.

厚生労働省（2020）『新型コロナウイルス感染症の感染拡大による仕事への影響』資料3.

国土交通省（2016）『平成27年度 テレワーク人口実態調査―調査結果の概要―』平成28年3月, 都市局 都市政策課 都市環境政策室.

国土交通省（2017）『平成28年度 テレワーク人口実態調査―調査結果の概要―』平成29年6月, 都市局 都市政策課 都市環境政策室.

国土交通省（2020）『平成31年度（令和元年度）テレワーク人口実態調査―調査結果の概要―』令和2年3月, 都市局 都市政策課 都市環境政策室.

品田房子（2002）「日本企業におけるテレワーク定着阻害要因の考察」『日本テレワーク学会誌』Vol.1 No.1, pp.41-58.

下崎千代子（2001）「テレワークと日本的人事システム変革の適合と矛盾」『国民経済雑誌』Vol.184 No.1, pp.1-17.

下崎千代子, 小島敏宏（2007）『少子化時代の多様で柔軟な働き方の創出―ワークライフバランス実現のテレワーク』学文社.

スタッフサービス・ホールディングス（2020）『テレワーク導入後の働き方に関する意識調査』2020年6月17日.

積水ハウス住生活研究所（2020）『在宅中の家での過ごし方調査』（2020年5月実施）.

総務省（2020）『令和元年 通信利用動向調査報告書（企業編）』.

東京商工会議所（2020）「『テレワークの実施状況に関する緊急アンケート』調査結果」, 2020年6月17日.

日本経済新聞社（2020）『新型コロナ対策テレワークに関するマネジメント層を対象としたアンケートレポート』.

日本テレワーク協会（2009）『テレワーク白書2009：活力ある新しい未来社会を目指して』.

パーソル総合研究所（2020）『第三回・新型コロナウイルス対策によるテレワークへの影響に関する緊急調査』.

松岡温彦, 佐藤道彦, 宮崎泰夫（2016）「リゾートオフィスの研究」『日本テレワーク学会誌』Vol.14 No.1, pp.5-8.

柳原佐智子, 吉澤康代（2013）「BCP型テレワーク導入方策とその意義：節電を目的とするテレワークの事例分析」『日本テレワーク学会誌』Vol.11 No.1, pp.80-91.

吉見憲二, 藤田宜治（2012）「テレワークを通じた災害時の働き方についての一考察―首都圏の企業雇用労働者を対象としたアンケート調査から―」『情報通信学会誌』Vol.30 No.3, pp.89-96.

マーティン ジュリアン

コロナ禍と〈あたふた〉とする
フランスの家庭と家族

Ⅰ　はじめに

　フランスに長期滞在をしたり居住したりして気が付いたことは多くあるが，そのうちの１つは，〈あたふた〉としているフランス人を見たことがないということである。バタバタと急いだり困惑したりしているフランス人もまず見かけない。フランスの組織で働くとそれは，さらに顕著である。締め切りが近づいていても慌てる様子も急ぐ様子も見られない。こちらが，締め切りに間に合わないのではないかとソワソワとしていてもなぜかフランス人は，いつも冷静沈着である。しかし，世界を襲った予期せぬパンデミックは，フランス社会だけではなく，冷静沈着なはずのフランス人を家庭においてもあたふたとさせた。この章では，コロナ禍のフランスの状況，通常冷静沈着なフランス人が，コロナ禍によりどうあたふたし出したのか，また，それは，なぜかということを考察することにより普段我々が自明視しがちな「家族」や「家庭」と言うものを政治政策の関係より考察したいと思う。

Ⅱ　"あたふた"状況の始まり：学校の閉鎖―子育てビジネスパーソンの家庭はどうなったか？[1]

　フランスの幼稚園（maternelle）（２歳から入園可能，一般的には３歳から）は学校扱いであり2019年９月以降，マクロン政府の改革によって，幼稚園は義務教育として扱われている。それより幼い子供に関しては，保育園だけでなく，保育士システム（assistante maternelle agréée）もある。これは，生

まれて3ヵ月から3歳までの子供に関し，自宅で，4人以下の子供であれば預けることができるシステムで，フランス国立統計経済研究所によると3歳以下の子供のうち15%は保育士に預けられている。外出制限が決まった直後でも，このシステム内で働く保育士に限っては，働くことが許された。しかし，その他の幼稚園[2]，保育所，特別支援学校，小学校，中学校，高校や大学などは，2020年3月16日より閉鎖となった。

　子育て世帯においては，学校が閉校になったことにより，子供のための1週間の献立，時間割の準備，食料買い出し，宿題，オンラインレッスンなど，家で想定する必要がある新しい家事・作業の分担が必要となった。このような状態は，フランスにおける子育て世帯に大きな影響を与え，同年6月下旬に発行されたフランス国立統計経済研究所（INSEE 2020a）の報告によると，外出制限により多くのフランス市民，特に子供を持つ者達が，働き方を変えたようだ。35%の人達のみが仕事場へ通い，仕事を持つ34%が自宅などでのテレワークを余儀なくされた（INSEE 2020a）。

　この封鎖時，被雇用者のうち，父親に比べ2倍の数の母親が，子供のケアをするために仕事を中断しなければならなかった（母親21%対父親12%）。さらに，被雇用者のうち育児のための特別欠勤を許されなかった者の中で，1日4時間以上子供と過ごしたのは，女性の場合80%，男性は52%だった。さらに，女性の45%と男性の29%が，1日に仕事と育児をそれぞれ4時間以上という，二重の労働を強いられたと報告している。これらの統計の中には，〈メンタル・ロード〉と言われている家事の計画を立てたり心配をしたりという目に見えない労働，つまり，頭の中で行われている家事労働時間は，含まれていないわけであるからそれらを入れるとさらにケアや家事労働に費やさなければならなかった時間は増え，通常と比べるとかなりの負担を強いられたことになる。

　フランスでは，2018年時点において未成年の子供達のうち28%が，両親のうち1人だけと一緒に暮らしている（INSEE 2020b）。封鎖政策は，これらの家庭に特に大きな影響を及ぼすに至った。シングルマザーやシングルファーザーの最も心配なことの1つは，自分自身がコロナを患ってしまうことだ。

そうなれば，仕事を休まなくてはならなくなり，給料は，国から保証される
ものの子供の面倒を見ることができなくなるからである。この状況は，経済
的に不安定な多くのシングルペアレントの生活に特に大きな影響を与えた
（Federation Syndicale des Familles Monoparentales 2020）。例えば，フラ
ンスでの学校給食は安くバランスのとれた食事を提供する場であるが，学校
の閉鎖により，給食にアクセスできなくなり家庭での食費が上がってしまう
ケースが多く見られる。さらに，経済的に困難な世帯は狭い住宅に住んでい
る場合が多く，インターネット接続やコンピュータがない家庭では，遠隔授
業は不可能だった。

　封鎖生活の当初において，多くの人達は，家族で休暇でもないのにずっと
24時間一緒に家にいるというかつてほぼ経験をしたことがない生活スタイル
にパンデミックの状況を心配しつつも新鮮さを感じていたようだ。しかし，
時間が経つにつれいろいろな問題点が浮上してくるに至る。まず，封鎖中に
働いていた人達のうちどれくらいが〈テレワーク〉をしていたかを見てみよ
う。従来からフランスでのテレワークは，増えてきてはいるもののパンデ
ミック以前は，テレワークは，サポートが整っている大企業などの社員を中心
に与えられた特権のようなものであった。まず，あるフランスの統計を基に
封鎖中の雇用状態を見てみると，4分の3の正規雇用者が雇用継続を確保し
たものの半分の非正規雇用者が，職を失ってしまっている。その雇用を継続
した者のうちエグゼクティブ・レベルのビジネスパーソンの男女とも67%，
事務系職員の女性34%・男性19%，工場労働者などの女性2%・男性4%が，
家から仕事をするテレワークスタイルで仕事を続けた（Lambert et al.
2020）。実際に，この緊急時フランス市民の生活を支えたのは，テレワーク
ができない「地味でつらい仕事をする者」（premiers de corvée, premiers
de cordées），すなわち，清掃員，トラック運転手，看護師，看護補佐官，
レジ係などであった。家で働ける人は，家からできるだけ働くという封鎖中
の政策からしてみると，この統計結果は何ら不思議ではないわけであるが，
仕事のタイプによりはっきりと差が出る結果となっている。

　では，次に家でのそのテレワークの状況を見てみよう。まず，テレワーク

をしている女性の48％が，また，37％の男性が子供と一緒に暮らしながらテレワークを続けている。しかし，他の家族と離れて仕事ができる部屋を確保できている人の率は，女性では，25％のみであるが，男性においては，41％に至る。詳しく見ていくと，中間職の女性の25％，また，男性の37％が，他の家族から独立して仕事ができる部屋を確保できている。ハイレベルのポジションの人達を見てみると女性のそれは29％で，男性に至っては47％と，女性と比べると随分と高くジェンダーの差がここにおいては，大きく見られる。

　フランスにおいても男性は，オフィスで女性より（日本の男性程ではないが）遅くまで仕事をするケースが多く，また，子供が病気になるなどの時は，父親ではなく母親が仕事を中断して学校に迎えに行くケースが多い。家でのテレワークは，これらの状況にある程度の変化をもたらしたが，やはりジェンダーの差がはっきりと出てきている。子供がいるカップルにおいては，「収入が多いのは誰か，誰の仕事が最も重要であるか」ということが，直接，誰が，何をするかということに影響している（France Télévision 2020）。コロナ禍において従来は，家の外でしていた仕事が家庭でのテレワークとなり，さらに，子供のケアや勉強のサポートなど予期せぬこれらの状況は，フランス人に大きな負担をもたらし彼らのウェルビーイング（well-being）に大きな影響を与えた。

　さらにコロナ問題は，食卓にも及んだ。4分の1のフランス人が，食卓に並べる食品の質を制限し，14％の人が食事を抜かざるを得なかったという。貧しい家庭のそれは，46％と38％とかなり厳しい状況である。また，5人に1人が，インターネットのネットワークを，また，23％が，コンピューターやタブレットを持っていない環境で暮らしており遠隔学習もままならない状況であることを受け，仕事をしている家庭の25％が，子供の学習の状況がコロナ以前のレベルに戻るのは，ほぼ不可能だと答えた（Baromètre Ipsos ／ SPF 2020）。

　このように多くの人々が，家庭にいる時間が急に増え，また，慣れない封鎖生活にフラストレーションを感じていた。そのことが顕著に現れたのがDV（ドメスティック・バイオレンス）である。フランスのある統計による

と2019年の統計と比較してDV率が封鎖中に19％も増加している。これを受け政府は，ホテルの部屋を貸し切りDVの被害を受けている人達のシェルターとする政策などを打ち立てた。また，離婚をする夫婦が増えたのも事実である。例えば，2020年5月において公証人は，双方の合意に基づく離婚件数が25％の増加を記録したと報告している（INSEE 2020c；エニンジェ 2021）。

　つまり，親達は今までに経験をしたことのない仕事と家庭の状況を目の当たりにし出したのである。「子供達がずっとそこ（家）にいる，勉強や食事は，どうするのか」，かつ，「自宅で仕事に携わらなくてはならない」というビジネス・ペアレンツ達は，今までに経験したことがない状況に直面しただけにどう対処をしてよいのか戸惑い〈あたふた〉とし出し，さらに，時間を追ってそういう状況を回避できなかった政府に苦情が殺到したのである。

　その後，コロナ新規感染者数や死者数が一旦落ち着きを見せたため（と言っても日本のそれと比べれば，天文学的に高かったわけであるが），2020年5月11日から学校の再開が，段階的に行われ始めた。幼稚園，小学校，中学校，高校のうち多くが開校したが，1つの教室に10人以上の生徒を入れない，対面授業は1週間に2日だけなど，制限を設けた形となった。学校によっては，子供の登校再開は，任意の基に行われた。筆者の1人の子供達が通っている学校では，任意にもかかわらずクラスの約90％以上の生徒が登校を再開した。この状況下，学校に自分の子供を通わせたくないという親もいなくはなかったのだが，大半の親の声は，子供が学校に行かずずっと家にいるのは，厳しいとか，仕事と子供のケアの両立との関係で子供を学校に行かせないわけにはいかないというものであり，驚いたことに学校での感染を心配している親の声はほとんど耳にしなかった。

　この学校再開というのは，ビジネス・ペアレントにとってかなりの朗報であった。明日から子供達は学校に戻る，つまり，ランチを作る必要もなければ，ダブルシフト，トリプルシフトの労働も減る，仕事の効率の低下でイライラすることもなくなる，つまり，対処法が見つからず〈あたふた〉する必要がなくなったわけである。

Ⅲ "French Pop-in-Systems"—なぜ，コロナ禍は，フランス人を〈あたふた〉させたのか？

なぜフランス人は，想像以上にコロナ禍でこれほどまでにあたふたしてしまったのか？その主な要因は，フランスの手厚い「家族政策システム」にある。ヨーロッパの中でも高い出生率を誇るフランスであるが，戦後数十年間，高い出生率は低迷の一途を辿った。その低迷からフランスを脱出させた１つの要因が，筆者達が独自に名付けたシステムではあるのだが，この "Pop-in-Systems" 政策である。ここ数年は，上昇は見られないもののこれらの家族教育政策などのおかげで停滞していたフランスの出生率は，見事な成長を見せ，現在では，2021年の出生率が0.84と極端に低い韓国（Statistics Korea 2021）や1.36の日本（厚生労働省 2020）の政策立案者や家族研究学者達の多くが，フランスの家族教育政策の分析に励み自国の出生率低迷の底上げ策を練っている程である。

1. 主な "Pop-in-Systems"

ここでは，フランス人の日常生活において重要な "Pop-in-Systems" のいくつかを紹介する。なぜそう呼んでいるかというと，フランスの親達が文字通り子供達をポッと政府のシステムに入れるだけでよいというなるほどなと思わせるようなシステムだからである。ここでは，多くのフランス人が利用しているシステムをいくつか紹介する。

(1) レクリエーションセンター（Centre de Loisirs）

日本でも近年は，学童保育というものが当たり前化している。その学童保育に近いものがフランスでは，レクリエーションセンターと呼ばれるものである。このレクリエーションセンターは，平日学校終了後や学校の休暇中に開校されるほぼ全ての公立の幼稚園や小中学校に設置されているセンターで，３歳から14歳までの地元に居住する子供達皆がほぼ無条件で利用できる公的な施設である。このレクリエーションセンターは，自分が通っている学校で

開設されているものなので，子供達は学校終了後に移動をする必要もない。つまり，ビジネス・ペアレント達は，子供のスケジュールに合わせて自分の仕事を調整し子供を迎えに行く必要がないというシステムになっているわけだ。

　フランスの幼稚園や小中学校は，通常朝8時30分に始まり15時15分（水曜日は，午前中のみ）に終了する。その後，習い事に行く子供もいれば，そのまま学校のレクリエーションセンターに残りいろいろなアクティビティーに参加し18時から18時30分の間に親が仕事を終えて迎えに来てくれるのを待つ子供もいる。春休みや夏休みなど中長期学校休暇の時は，朝8時30分から9時の間に子供を学校に送り，お昼に迎えに行くか夕方の18時から18時30分の間に迎えに行くかを選択することができる。毎日，どのようなアクティビティーをするのかは，きちんとリストが学校の玄関に張り出されている。筆者の子供もバカンス休暇ごとに参加しているが，夏は，プール，また，大型のバスを貸し切ってベルサイユ宮殿，ルーブル美術館などに連れて行ってもらえるという，親のこちらまで参加したくなるようなアクティビティーが並んでいる。日帰りでどこかに行く時は，ピクニック用に1人ずつ紙袋に入ったランチが用意される。学校でランチを食べる時などは，前菜，メイン，デザート，そしてよくチーズも出される。余談であるが，面白いなと思ったのが，小学校の給食の献立に「チーズ」とは，書いてなく「コンテ」や「ブリ」などのチーズのどのタイプかが書いてあることである。つまり，フランスの子供にとってチーズが給食に出てくるのは当たり前であると言うことと，チーズはただ単にチーズではないと言うことである。小学校の前である母親と8歳くらいの男の子が給食のメニューを見ていたが，その子供が「カンタールだ！」と喜んで母親としゃべっているのを見て，やはりここはフランスだなと感心してしまったことがある。

　レクリエーションセンターのことに戻るとして，このシステムでは，子供がバカンス休暇中でも，ビジネス・ペアレントはほぼ通常通り働けるようになっている。ランチもスナックも付き，週に2，3日程は，バスを貸し切って小一時間ほどかかるところなどを訪ねているわけだからかなり料金も高い

●**図表7-1　レクリエーションセンターの子供1人当たりの1日の料金**●

	1ヵ月の収入レベル	1日の料金
1	234 €以下	0.47 €
2	235-384 €	1.93 €
3	385-548 €	3.79 €
4	549-959 €	5.62 €
5	960-1,370 €	8.07 €
6	1,371-1,900 €	10.24 €
7	1,901-2,500 €	11.67 €
8	2,501-3,333 €	13.12 €
9	3,334-5,000 €	17.50 €
10	5,000 €以上	26.30 €

出所：Mairie de Paris（2020a）Centres-de-Loisirs.

だろうなと覚悟をしていた。しかし，料金設定にも細心の配慮がなされている。収入[3]によって**図表7-1**のように10段階に分かれているのだ。

　ランチ，スナックも付きいろいろなアクティビティーに参加し，最長朝8時30分から18時30分まで預かってもらい，1ヵ月の収入が234ユーロ（約28,000円）以下の最低収入額枠で1日当たり0.47 ユーロ（約55円）である。また，5,000ユーロ（約600,000円）以上の最高収入額枠で1日当たり26.30ユーロ（約3,100円）の支払いである。この料金体制は，フランス社会に住む皆が収入にかかわらず平等にアクセスできるようになっていると言える。

(2) コンサルヴァトワール（Conservatoire）

　次に耳にされたことがあるかもしれないが，コンサルヴァトワールという公的教育機関の説明をしたい。この機関は，音楽，ダンス，演劇などフランスの文化・芸術系の教育機関で，パリ市を例にとるとそれぞれの区に1つずつの割合で設立されている。フランスの小中学校では，音楽などの授業はほぼ行われない。しかし，その代わりにコンサルヴァトワールでさらに専門性を持った音楽のレッスンを受けることができるというシステムである。例え

ば，コンサルヴァトワールの音楽のレッスンでは，楽器の個人レッスン，コーラス，楽譜読みなどの基礎訓練（Formation musical），オーケストラのそれぞれのレッスンを週に1回1時間程ずつ受ける。財政的な理由により楽器を購入できない生徒のために楽器の貸し出しもしてくれる。楽器の個人レッスンはもとより楽譜読みのレッスンまで全てその専門の先生に直接，指導してもらえる。ほとんどの先生は音楽大学出身で音楽の先生になるトレーニングを受けている専任で雇われている公務員である。

　さらに音楽をもっと真剣に学びたい，将来は，音楽家になりたいと願う子供達のために前記の区レベルではなく市レベルのコンサルヴァトワールも準備されている。音楽に限らず，ダンス，ゴルフ，体操など様々な分野にこのシステムがある。ここでは，ダブルコースと言って勉強のコースと専門のコースの両方を同時に習得できるコースが小中高校生を対象に設置されている。どういう仕組みになっているかと言うと，午前中は公立の提携学校で通常のフランスの教育カリキュラムに基づいた学術授業を受け，給食の後，音楽なら音楽専門の学校へ，ゴルフならゴルフ専門の学校へと移動し，そこでそれぞれの専門カリキュラムを受講する。カリキュラムは，音楽を例にとると個人レッスン，楽譜読み，オーケストラ，コーラス，音楽の歴史と文化，作曲など様々な専門の授業を受けることが可能になっている。また，そこでは，小中高校のそれぞれの修了時に修了証書が授与される仕組みとなっている。例えば，小学校では，午前中は2学年合同の少人数生のクラスで授業が進められるため，効率よく学ぶことができ飛び級をする生徒も珍しくない。高等学校を卒業すれば，多くの生徒がフランスの国立音楽大学であるConservatoire National Supérieur de Musique et de Danse（CNSMD）や他のヨーロッパの音楽大学に進学し，さらに専門性を深める。このように教養として文化芸術などを学ぶなら区のコンサルヴァトワールで，専門的に学びたいならば，市や国のコンサルヴァトワールで学べるという構造になっている。

　先程のレクリエーションセンターと同様，コンサルヴァトワールの料金も収入により10の料金体制に分けられている（**図表7-2**）。1ヵ月の収入が234

◉図表7-2　コンサルヴァトワールの子供１人当たりの１年間の料金◉

	１ヵ月の収入レベル	１年間の料金
1	234 €以下	75 €
2	235-384 €	114 €
3	385-548 €	172 €
4	549-959 €	232 €
5	960-1,370 €	284 €
6	1,371-1,900 €	359 €
7	1,901-2,500 €	454 €
8	2,501-3,333 €	528 €
9	3,334-5,000 €	807 €
10	5,000 €以上	1,139 €

出所：Mairie de Paris（2020b）Conservatoires de la Ville de Paris.

ユーロ以下であれば，１年間の支払い料金は75ユーロ（約9,000円）と無料に近い。

　先程述べたように楽器を購入することが困難な場合には，コンサルヴァトワールが貸し出してくれるわけであるから，この制度も全ての子供達に平等に学ぶ機会を与える仕組みになっていると言える。親は，年度初めの９月には，向こう１年間のクラスのスケジュール合わせなどで時間を要するが，レッスンが始まると，親は学期ごとに行われるコンサートに足を運ぶ事以外，ほとんどする事がない。区のコンサルヴァトワールは，文字通り自分達が住んでいる区にあるため移動も便利である。質の高いレッスンを最低限の料金で受講することができ，後はシステムにお任せをして間接的に見守るというビジネス・ペアレントには，申し分のないシステムではないであろうか。

（3）大学受験制度

　レクリエーションセンターやコンサルヴァトワールといったシステムを通じスポーツや文化芸術的な教養が身に付く。では，日本で言う塾など勉強の習い事や大学受験の制度は，どのような仕組みになっているのであろう。

　日本と根本的に違う点は，フランスの大学のほとんどが国公立であり，その
のほとんどの大学には，日本のような入学試験というものがない点である。
日本の受験戦争などという状態は，フランス人には考えられない。しかし，
フランスのエリート大学とされているグラン・ゼコール（Grandes Écoles）
で勉強をしたいということになれば，話は，少し違ってくる。グラン・ゼコ
ールの入学試験を受ける前に文学，経済，商業，科学などの専門分野の知識
を付けるためグラン・ゼコール準備学校（Classes Préparatoires aux
Grandes Écoles：C.P.G.E）で２年間勉強をし，初めてグラン・ゼコールの
受験資格ができる。グラン・ゼコールに見事合格できれば，その２年間は，
大学カリキュラムに換算される。しかし，合格しなければ，その２年間は，
水の泡となる厳しいシステムでもある。例えば，現フランス大統領エマニュ
エル・マクロンをはじめジャック・シラークやフランソワ・ミッテラン元フ
ランス大統領などは，このグラン・ゼコールの１つであるパリ政治学院の卒
業生である。大統領候補者やフランス政府で働く多くの官僚達に見るように，
このパリ政治学院で学んだ後，École Nationale d'Administration（ENA：
エナ）の修士号課程にて政治科学などを学び，省庁で働くか，政治家になる
というお決まりの政治のエリートルートがある。このようにグラン・ゼコー
ルの中でも高いレベルの大学で学ぶのは，かなりの難関であるが，そうでな
ければ，塾に通ったり深夜遅くまで勉強をしたりする必要はないのである。
そもそも筆者達は，塾に通っているというフランス人の子供に出会ったこと
がないし，塾があると聞いたこともない。学校で学んだ事を大切にしておけ
ば，質の高い国公立の大学で専門性を付ける学びの場にアクセスできるとい
うわけである。こういう教育システムがあるからであろう，子供の勉強や受
験で翻弄されている親は，ほぼ目にしない。裏を返して言えば，簡単にアク
セスできるシステム（"Pop-in-Systems"）に子供をまさにPop-inすればよい
だけなのであるから，翻弄される必要がないのである。

　気になる授業料であるが，まず，教育省によると先生への給料，事務に係
る費用など全ての経費を含めて教育に係る１年間のコストは，小学生１人当
たり6,180ユーロ（約740,000円），中学生は9,720ユーロ（約1,170,000円），大

学生は10,210ユーロ（約1,220,000円），そしてグラン・ゼコール準備学校は，15,110ユーロ（約1,810,000円）という高額がかかるが，政府がそれらのほとんどをサポートしている（Observatoire des inégalités 2020）。生徒達が払う授業料は，国公立の大学1年間で170ユーロ（約20,000円），また，修士課程で243ユーロ（約29,000円）だけである（Campus France 2020）。学校運営に高額のコストが掛かる一方で義務教育はさることながら大学の授業料ですら，経済的理由で進学を諦めざるを得ないという事態をできるだけ避ける設定がなされている。

2. "Vacances" バカンス

　今や日本でも通じる「バカンス」という言葉。元々フランスから来た言葉でありフランス人にとって，とても重要な観念である。実際，フランスの学校休暇期間は，1年を通じて，6週間学校に通い，2週間のバカンスというサイクルを繰り返す。その上，夏休みは，2ヵ月間の休暇というまさにバカンス王国。これだけの休みがあるのだから親が子供と一緒に過ごすのは慣れているのではと思ってしまうが，そこは，さすがフランスである。休み中も作動している "Pop-in-Systems" があるのである。2週間のバカンスのうち1週間は，親も仕事を休み家族でどこかに旅行に行き，残りの1週間は子供を前述したレクリエーションセンターやキャンプ（stage）に入れるか，祖父母に預けるというのが通常のパターンである。

　キャンプは，1週間という期間のものが多く，冬には，スキー，夏には，テニス，乗馬（フランスでは，上流階級スポーツではない），音楽，アスレティック・エクササイズなど様々なキャンプが催される。キャンプ地では，それぞれのアクティビティー，食事，睡眠を他の参加者と共にし，1週間親から離れた生活を送る。料金は，食事，宿泊料，その他の経費などを含めて450ユーロから650ユーロ位（約54,000円から78,000円）が相場である。研究調査のため働くフランス人に話をうかがったことがあるが，女性の中には，バカンスに行くために働いているという人も結構いるくらい，子供達をキャンプなどに送ったりバカンスで休暇をとったりすることは，フランス人にと

っては非常に大切な家族生活の一部なのである。

　また，仕事をしつつ子育てをするに当たり祖父母という存在はとても大きい。フランスの学校は，水曜日は，午前中のみの授業であるため迎えの時間である12時30分になると幼稚園や小学校の前には，ベビーシッター，親（特に母親），そして祖父母が，子供達を迎えにやってくる。何人かの祖父母達に話をうかがったことがあるが，学校から子供達をレッスンに連れて行き，子供達の家に戻り，親が仕事から戻ってくるまで一緒に過ごすというのが典型のようである。孫達と一緒に過ごしたいというのも動機の１つであるが，子供がいても親が働けるようにサポートをしているという人が多い。子供達の誕生日パーティーでもお手伝いに来ている祖父母の方達にお会いすることが多い。また，バカンス中，祖父母は，自分達の家で孫と休暇の半分を過ごし，その間，親は，子供から離れ仕事に集中するというパターンのビジネス・ペアレントが多い。このように普段の生活だけではなく，学校休暇の時にもいくつかのサポートシステムが整っている。しかし，コロナ禍では，レジャーセンター，コンサルヴァトワール，キャンプなどは，突然長期にわたり閉鎖され，かつ，祖父母に子供達を預けるという選択肢もない状況が強いられた。ビジネス・ペアレントにすれば，まさに家族の日常生活のベースを支えていたこれらの "Pop-in-Systems" が，コロナの訪れとともに突然何の前触れもなく閉鎖され，その機能を停止してしまった。このシステムが機能しなくなったことが，ビジネスパーソンの家族を機能しないものにし，冷静沈着なフランス人が翻弄されざるを得ない状況に追い込まれてしまったのである。

3. "Pop-in-Systems" とフランス人と自助努力

　"Pop-in-Systems" があるから，フランス人は自己責任・自助努力という観念がないのか。それとも，元々フランス人にそれらの観念がないから政治的にそれを補うために莫大な予算を使って "Pop-in-Systems" を創らねばならなかったのか。また，逆に日本人は，自己責任に基づく自助努力の能力を備えているからわざわざそのシステムを政府が創らなくてよかったのか，それとも頼れるシステムがないから自助努力能力を自己の責任において発達させ

ざるを得なかったのか。この鶏と卵の議論は，社会政治経済や歴史的要因などが複雑に絡み合ったものである。この議論は，別のところでさせて頂くとしてここでは，この "Pop-in-Systems" と自助能力の関連性を指摘しておきたい。

　（コロナ禍以前のということになるが）「フランスは，制度が整っていていいな」と思われる方も多いかもしれない。でも忘れてはいけない，これらは，税金で成り立っているわけであるから，日本と比べれば（収入が極端に低い人は別だが），格段に高い税金を払わないといけないわけである。日本にもフランスのように整った "Pop-in-Systems" があれば，どうであろう。もちろんこれだけ税金を払っているわけだから，システムは使うためにあるものということになる。自分でしなくていい，つまり，「自助努力」というものは，必要なくなってくるのであろう。一方で税金も低いが，政府のビジネス・ペアレントに対する援助も低いという日本社会のような構造の下で暮らしていると，自分でなんとかしないといけないがゆえ「自助努力」というものが必要となる。そうなると自ずと自分でやるしかない。政府のシステムのなさが日本国民を鍛え，日本人の自己責任に基づいた自助努力能力はどんどんと磨かれ向上していく。

　しかし，もし，仮に日本にもフランスのように親が余り関与しなくてもよいようなシステムがあるとしたらどうであろうか。親は，両手を投げ打って「よかった，これで子供のことを心配しないで仕事に集中できる。」と自分の子供をシステムに預けて（Pop-inして）仕事に励むであろうか。それを見て友達，親，近所の人達，また，日本社会は，素晴らしい親だね，と言って好意的に受け止めてくれるのだろうか。「献身的に尽くす」という文化的にかなり深い価値が，根底に強く根付いている日本のような社会では，システムが変わってもそう簡単にその文化価値や社会規範は変わらない。

　ここで当たり前化しがちな「子育て」という観念を少し相対化させてみよう。まず，子供は大昔からもちろん存在するだろうと思いがちであるが，それがそうではない。フランス人の20世紀を代表する歴史家の1人であるフィリップ・アリエス（Philippe Ariès 1960）の『〈子供〉の誕生』によると「子

供」という観念は，17世紀頃に誕生したものでそれ以前には存在しなかった
ものであったという。つまり，歴史において子供というものは，〈独自のモ
ラル・固有の感情〉を持つ実在としては見られてこなかった。なぜなら我々
が言う子供が，中世に生きた人々にとっては，修行に出されたり飲酒も許さ
れたりと大人と同様の扱いを受けた「小さな大人」に過ぎず，また，子供は，
家族を超え濃密な共同の場に属すると考えられていたからである。その頃，
中産階級の子供が学校に行き始めて，大人と区別されるようになり「子供」
という観念が誕生した。そこで子供は，〈可愛がり教育する〉ものだという
新しい家族の感情が芽生えたというのである。つまり，それ以前の小さな大
人達は，他の大人達と区別されることなく，それゆえ，特段可愛がられたり
特別に教育を受けたりする存在ではなかったのである。歴史を紐解くと自明
視しがちな意外な一面が浮き上がってくる。

　この「子供の誕生」と日本の社会学の第一人者である落合恵美子の「主婦
の誕生」に関する議論を掛け合わせてみよう。落合は，『21世紀家族へ：家
族の戦後体制の見かた・超えかた』(2012) の中で，江戸時代や明治時代に
おいては，子供の世話をするのは，乳母や女中であり現代のように家族が独
力で子育てをしたということは，歴史上なかったと述べている。女性は，戦
後社会進出を果たしたと言われるがそうではなく，戦後に「主婦化」し，高
度経済成長期に主婦の大衆化が起きたのである。歴史的に見れば，公の場で
の労働と家事労働という区別は，存在しなかった。近代化の過程で労働と家
事労働の間に線が引かれ，公と私が分離されたこと自体が歴史的であった。
つまり，近代化に伴い市場が発達してきたからこの公私の区別が可能となり，
それが「家事」の誕生を導いたわけである。

　さて，その主婦という観念であるが，19世紀の終わりから20世紀初めの明
治時代に上流階級において「主婦」という観念やアイデンティティーが構築
され，大正時代にそれらは大衆にも広がっていった。近代化に伴い生産労働
と家事労働との区別が進められたことによりジェンダーによる役割の分担も
進んだのである。「サラリーマン」と言う言葉のルーツもちょうどその時代
にさかのぼれるとされる (Ishii and Jarkey 2002)。この公（生産労働）と

私（家事労働）の分離が，その責任と役割の居場所を明確にした。つまり，一方で女性は，家庭に献身的に尽くすようになり，他方で男性は，生産労働に献身的となっていく。近年では，フルタイムで仕事をする女性も増加し，家事を手伝う男性もゆっくりではあるが増えてきている。しかし，フランスと比較した場合，日本のそれは，ダブルシフト（仕事と家事）やトリプルシフト（仕事，家事，そして頭の中でする目に見えない家事仕事）と女性に負担を増やす形となり，この歴史的に構築された根本的な区別は，根強く社会に存在していると言ってよい。それぞれが役割を果たすことにそれぞれの存在の価値があるとされるわけであるから，相対的視点からすれば，自己犠牲を払ってまで献身的にそれぞれに従事する。つまり，この「献身性」が，日本社会では，フェミニニティー（femininity：女性らしさ）とマスキュリニティー（masculinity：男性らしさ）の一部を構築しているわけである。

　ここで先程のフランスの "Pop-in-Systems" に戻ってみよう。このシステムを見てみると，フランス国家のモットー，Liberté, Egalité, Fraternité（自由・平等・友愛）が顕著に現れている。フランスのビジネスパーソンの望むライフスタイル，つまり，子供を愛おしみつつも子育てに振り回される必要なく，仕事に翻弄されず自分の時間を保ち仕事に携わるという選択肢の上にたった自由。ブルジョワ階層出身であろうが，貧しい地域で暮らそうが，移民や外国人であろうが，全ての人々がアクセスできる平等が基になったシステム。Loveと結束という倫理的観念に基づいた人間関係を創造する場である社会空間。ビジネスパーソンにとって毎日の家庭生活で重要な役割を果たしている政府の "Pop-in-Systems" は，まさに国のモットーの中核を占める。

　ここで少し国，政府と家族の関係を考察してみよう。フランスの政治社会学者であるジャック・ドンゼロ（Jacques Donzelot 1977）は，La Police des Famillesという著書で社会が家族に介入していると議論している。この理論は，コロナ禍のフランスの家族を考察する際に有効な示唆を与えていると言える。フランスには，家族をサポートする様々なシステムや政策が存在すると述べた。裏を返して見れば，これらの「サポート」システムによって人々は，その行動を方向づけられていると言える。つまり家族というものを

ある一定のものへと秩序立てしているとも考えられるわけである。まさに「政治の家族への介入」である。レクリエーションセンターやコンサルヴァトワールなどのシステムは，一方で家族をサポートするという機能を持っているが，他方で政府が掲げる「家族」に適合するよう矯正機能を果たす役割も持っている。つまり，"Pop-in-Systems" は，そのシステムを通じて〈市民づくり〉"citizen making" をするという機能を担っているわけである。人々が，さらにこれらのシステムに頼れば，矯正機能の社会的浸透につながり，国民が意識しないところで政府の家族への介入が深まる。つまり，フランスの自由・平等・友愛という国のモットーが，浸透すればするほど政府の家族へのコントロールが深まっていくというまさに〈パラドックス〉に陥るわけである。しかし，政府にとっては，これは，パラドックスではなく合理性を持った戦略なのである。このように政府は（もちろんフランスに限らず日本も含め多くの国で見られるわけであるが），いろいろな政策・システムや規範的な意味を持つ言葉に包み隠し〈市民のオートノミー（自律性）〉というものを抑制しようとしているということを覚えておかないといけない。

　次に "Pop-in-Systems" とフランス人の関係を少し角度を変えて社会構造と行為者の関係から見てみよう。フランスの社会学者であるピエール・ボルデュー（Pierre Bourdieu 1977）は，社会構造・社会システムと行為者（actor）のエージェンシー（agency）やオートノミー（autonomy：自律性）との相互作用で，社会は，運営されていると議論している。つまり，彼の議論は，構造論と現象論のインターセクションが中心となっている。それまでの二項対立的な議論に終止符を打ちその相互性に着目した彼の論点は，非常に興味深い。しかし，インターセクションという観念だけでは，説明できない部分があるのではないだろうか。筆者達は，フランス人にエージェンシーや自律性が存在しないと主張しているのではない。それらの要素から構成された人々が頼れるように仕向けられたシステムがあり，そのシステムへの依存を内面化させている人々が多くいる。よってその人々のエージェンシーや自律性は，完全にその社会システムから逸脱することは，不可能であると主張したいのである。

しかし，他方でこのパンデミックは，家庭の暮らし方ということを改めて考える機会を与えてくれた。フランスの哲学者であるクレア・マルティック氏（Claire Martic）が「2020年は，痛みと共に今までとは違った暮らしのスタイルをもたらしてくれた」（"2020 nous prépare douloureusement à l'idée de devoir vivre autrement"）と述べているように，フランス人の中には，このパンデミックをきっかけに暮らしを考える人々が増えた。毎日のあくせくした都会での生活にピリオドをうちノルマンディーの海の近くに新しい暮らしを求めた人，資本主義の脆さを実感しそれから遠ざかる暮らしを選んだ人，人を助けるため人生初めてのボランティア活動に価値を見出した人，田舎で暮らしのスペースを見付けカフェを営み出した人，「地下鉄―仕事―睡眠」の生活からもっとシンプルな暮らしを模索したいと願い出した若い女性まで様々である（Le Monde 2020a；2020b）。こういう意味においてパンデミックは，社会システム自体からディスタンスを置く暮らしを示唆してくれたのかもしれない。

Ⅳ　おわりに

　フランスには，実際に機能し家族をサポートする "Pop-in-Systems" があるからこそ，そのシステムが予期していないパンデミックのようなことが起きると家庭が脆くなり，家族が機能しないという逆説的な状況に陥るわけである。つまり，"Pop-in-Systems" の存在が，国民が気づかぬうちに家族生活の自律性を失わせていた。コロナ禍は，このことを表面化させたのではなかろうか。本章では，その逆説的な状況を〈ふつう〉の日常生活において自明視しがちな家族・家庭という視点から考察を試みた。

　システムの脆さは，一方で家庭をダイレクトに襲いその家庭の脆さをも可視化させた。しかし，他方でそれは，人々に家庭や家族を振り返る機会を与え，時間と共に新たな家族の価値創造の機会を招いてくれたのではないだろうか。

注

1 第2節の内容は，エニンジェ（2021）を基にしている。

2 フランスの幼稚園（2歳から入園可能）は学校扱いで，日本と違い小学校と併設している場合も多い。

3 例えば，共働きの夫婦と子供が2人の4人家族であれば，夫婦の収入を足したものを4で割ったものを「収入」としそれを基に支払いが計算される。

参考文献

Ariès, P.（1960）*L'enfant et la vie familiale sous l'Ancien régime*, Plon（杉山光信，杉山恵美子訳（1980）『〈子供〉の誕生：アンシャン・レジーム期の子供と家族生活』みすず書房）.

Baromètre Ipsos / SPF（2020）"La précarité depuis la Covid-19," https://www.secourspopulaire.fr/barometre-ipsos-spf-2020-la-precarite-depuis-la-covid-19〔2020年12月28日最終アクセス〕.

Bourdieu, P.（1977）*Outline of a Theory of Practice*, Cambridge: Cambridge University Press.

Campus France（2020）"LE COÛT DES ÉTUDES SUPÉRIEURES EN FRANCE," https://www.campusfrance.org/fr/cout-etudes-superieures-france-frais-inscription〔2020年12月27日最終アクセス〕.

Donzelot, J.（1977）*La Police des Familles*, France: Minuit（宇波彰訳（1991）『家族に介入する社会：近代家族と国家の管理装置』新曜社）.

Federation Syndicale des Familles Monoparentales（一人親家族連合組合）（2020）https://fsfm. fr〔2020年12月18日最終アクセス〕.

Foucault, M.（1975）*Surveiller et Punir, Naissance de la Prison*, France: Éditions Gallimard.

France Télévision（2020）"Guillementte Jeannot," 26 June 2020.

INSEE（2006）"Garder et faire garder son enfant," Données sociales - La société française, https://www.insee.fr/fr/statistiques/1371999?sommaire = 1372045〔2020年12月18日最終アクセス〕.

INSEE（2020a）"Conditions de vie pendant le confinement : des écarts selon le niveau de vie et la catégorie socioprofessionnelle," https://www.insee.fr/fr/statistiques/4513259〔2020年12月20日最終アクセス〕.

INSEE（2020b）"En 2018, 4 millions d'enfants mineurs vivent avec un seul de leurs parents au domicile," *Insee Première*, No.1788, https://www.insee.fr/fr/statistiques/4285341〔2020年12月19日最終アクセス〕.

INSEE（2020c）"3.3 Mariages - Pacs - Divorces," *Tableaux de l'économie française*, https://www.insee.fr/fr/statistiques/4277624?sommaire = 4318291&q = divorce.

Ishii, K. and N. Jarkey（2002）"The Housewife Is Born: The Establishment of the Notion and Identity of the Shufu in Modern Japan," *Japanese Studies*, Vol.22 No.1, pp.35-447.

Lambert, A., J. Cayouette-Remblière, É. Guéraut, G. Le Roux, C. Bonvalet, V. Girard and L.

Langlois（2020）"How the COVID-19 epidemic changed working conditions in France," *Population & Societies*, No.579.

Le Monde（2020a）"Tout plaquer pour une vie plus simple: le confinement, déclic d'un changement de vie" by Camille Bordenet and Cecile Bouanchaud, 10 May 2020.

Le Monde（2020b）" Jamais on n'avait vu un tel engagement: le confinement provoque un élan de solidarité."

Mairie de Paris（2020a）"Centres-de-Loisirs," https://www.paris.fr/pages/centres-de-loisirs-2084#les-repas〔2020年12月10日最終アクセス〕.

Mairie de Paris（2020b）"Conservatoires de la Ville de Paris," https://www.paris.fr/pages/les-conservatoires-de-la-ville-de-paris-2131〔2020年12月12日最終アクセス〕.

Ministère de l'Économie et des Finances（2020）"EMPLOI À DOMICILE," https://www.impots.gouv.fr/portail/particulier/emploi-domicile〔2020年12月13日最終アクセス〕.

Ministère de L'Enseignement Supérieur（2020）"Classes préparatoires aux grandes écoles (C.P.G.E.)," https://www.enseignementsup-recherche.gouv.fr/cid20182/classes-preparatoires-aux-grandes-ecoles-c.p.g.e.html〔2020年12月15日最終アクセス〕.

Ministère des Solidarités et de la Santé（2020）"Être parent (s) en période d'épidémie de coronavirus," https://solidarites-sante.gouv.fr/grands-dossiers/etre-parent-s-en-periode-d-epidemie-de-coronavirus/〔2021年1月7日最終アクセス〕.

Observatoire des inégalités（2020）"École: combien coûtent les élèves?," https://www.inegalites.fr/Ecole-combien-coutent-les-eleves-2492〔2021年1月5日最終アクセス〕.

Statistics Korea（2021）"Preliminary Results of Birth and Death Statistics in 2020."

Tobin, J.J., D.Y.H. Wu and D.H. Davidson（1989）*Preschool in Three Cultures: Japan, China, and the United States*, Yale University Press.

エニンジェ・アリーヌ（2021）「コロナ禍のフランス 外出制限時の性別役割分業」『ジェンダー研究21』（早稲田大学ジェンダー研究所紀要）Vol.10.

落合恵美子（2012）『21世紀家族へ：家族の戦後体制の見かた・超えかた』有斐閣選書.

厚生労働省（2020）「合計特殊出生率について」https://www.mhlw.go.jp/toukei/saikin/hw/jinkou/kakutei19/dl/tfr.pdf〔2020年12月28日最終アクセス〕.

コスタンティーニ ヒロコ
ロバーツ グレンダ
エニンジェ アリーヌ

Covid-19と
フランスの高等教育

Ⅰ　はじめに

　2020年3月15日，フランスは，covid-19の感染流行（エピデミック）と闘うため，厳格なロックダウン（コンフィヌマン）を実施した。covid-19は，とりわけ健康弱者にとって感染力と致死性の高い感染症である。ロックダウンは2か月続き，その間，全ての屋外活動がほぼ完全に停止した。本書の出版企画は，感染拡大がフランスと日本の社会にどのような影響を与えるかを洞察するという，貴重な機会を筆者に与えてくれた。本章では，公衆衛生危機がフランスの高等教育に及ぼす影響について論じてみたい。

　コロナ研究会で筆者が発表する機会は，ロックダウンが終わった2020年7月に訪れた。その時点で，我々全員が，危機は過ぎ去ったものと信じていた。しかし危機は終わってはいなかった。その後，感染拡大の第2波，さらには第3波が発生したのである。2020年3月から5月の1回目のロックダウン時には外出が全面的に禁止されたが，10月29日の2回目のロックダウン宣言では午後8時以降の外出を禁ずる夜間外出禁止令（couvre-feu）に置き換わり，2021年1月16日からは午後6時以降の外出が禁止となった。2020年11月に最初のワクチン接種が政府によって発表されたとき，我々の間に危機収束への希望が生まれた。ワクチン接種キャンペーンは現在も進行中である。にもかかわらず，新規感染者数は高止まりし続け，パンデミック初期の頃にさかんに議論された集団免疫はもはや話題にすらのぼらない。人々の生活はずっと停止したままである。

こうした状況下にあってコロナ危機が高等教育に及ぼす影響も拡大し続けた。2020年7月時点で明らかとなっていた高等教育に対する悪影響は，2021年3月現在では，ほんの一部分をなすにすぎない。

　フランスの高等教育システムで現在起きていることを理解し分析するために，まずはシステムを紹介し，次に現下の公衆衛生危機が及ぼす影響を明らかにする。そして最後に，高等教育システムが経験している持続的な変革を観察しよう。

Ⅱ　フランスの高等教育──制度と背景

　フランスの高等教育システムは，ナポレオン1世によって創設されて以来，絶えず進化し続けてきた。その結果，海外からは容易に理解できない，極めて複雑で断片化されたシステムができ上がった。こうした状況を改善して，地域的にまとまりあるシステムを実現するため，フランス政府は20年ほど前から，地域の教育機関が互いに関係を強化することを奨励し，公的な研究を促進しようとしている。

1. 制度

　フランスの高等教育は，その歴史的発展の観点からのみ理解することが可能となる。それは慣習に深く根付いた伝統と改革の結果であり，それを合理なものにすることなど不可能だと思われるほどであるが，理解の助けとなるいくつかのキーポイントがある。

　フランスの高等教育システムは，大学とグランゼコール（grandes écoles）の2つに分かれている。原則として，大学はバカロレア取得者であれば誰でも入学できるが，グランゼコールは極めて選別的な選抜試験（コンクール）を経て初めて入学が許される。大学は高等教育機関の一部にすぎず，とくに優秀な学生はグランゼコールを志向する傾向が強い。この2つのカテゴリーの教育機関は互いに競合する関係にある。というのも，医学と法学を除いて，その他の全ての学問分野は双方で教えられており，教師の大半は同じ全国レ

ベルのコンクールを通じて採用された公務員であるからである。

　全体として，フランスの高等教育システムは本質的にエリート主義である。システムの維持と持続可能性は，その欠点と特質を含めて，それが完全にエリートの育成を目的としていることを明確に認識しなければ理解することはできない。その成功は，政界を含むあらゆる分野で卓越した人材を育成することにある。このように，教育改革は，主にエリートによるエリートのためのものであるから，フランス国民全体を対象とした実践的で基礎的な人材育成に向けた民主的なシステムのための余地を作ることは極めて困難である。

　研究は教育とは区別される。第二次世界大戦後，フランス政府は，民間企業からの独立を目的に，研究活動に資金提供することを選択した[1]。そのため公的な研究に特化し，主に公的資金で運営される研究機関が存在することになる。それらは国の研究の中心に位置し，その主体がCNRS（国立科学研究センター）である。しかし，教育機関，とりわけ大学も研究の場であり，そこでの教員は「教育研究職（Enseignant-chercheur）」の肩書を有している。したがって彼らは二重の職能を持ち，それぞれが高等教育機関と研究ユニットの両方に所属するという，二重のメンバーシップを持つことになる。研究ユニットの多くは，複数の教育・研究組織で共有されている。例えば，筆者が所長を務める混成研究ユニット（UMR）である東アジア研究所（IAO：Institut d'Asie Orientale）は，東アジア地域に関わる人文社会科学の研究所であるが，CNRSに所属すると同時に，リヨン高等師範学校（Ecole Normale Supérieure de Lyon），リヨン政治学院（Institut d'études politiques de Lyon, IEP de LyonまたはSciences-po Lyonと略称），リヨン第2大学（Université Lyon 2）の間の連携の産物でもある[2]。IAOのメンバーは，CNRSの研究者とこれら3機関の教育研究者によって構成されている。

　原則として，教育と研究は公的なものである。フランスの高等教育機関の大半は公立で，ENA（国立行政学院，政界の90％が同校出身），エコール・ポリテクニーク，ENS（高等師範学校）など，最も権威あるエコールを始め，ほとんどのグランゼコールも公立である。高等教育に携わる教員研究者のほとんどは公務員であり，その身分は教育法典[3]と憲法上の原則[4]に明記されて

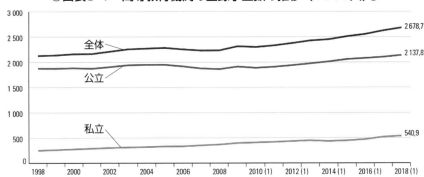

●図表8-1　高等教育機関の登録学生数の推移（1000人）●

注1：フランス・メトロポリテーヌ（ヨーロッパ大陸の共和国領土）および海外県・海外領土。
注2：登録者数には2010年以降は2重登録を含まない。並行登録者数は2018-19年で58,023人である。
出所：Mesri, *Repères et références statistiques*（2019）p.152,
　　　https://cache.media.education.gouv.fr/file/2019/51/6/depp-rers-2019_1162516.pdf
　　　（2021年3月10日アクセス）

いる表現の自由，研究・教育の基本的自由によって保障されている。現在，
高等教育と研究は，専門の省庁であるMESRI（高等教育・研究・イノベーション省）の管轄下に置かれている[5]。全体として，教育研究者は，知識の自由かつ無償での普及に強い愛着を持っている。

　高等教育はヨーロッパの制度の調和化の影響を受けており，2000年代に入って，3種の学位が授与されるLMDモデル（Licence-Master-Doctorat, 欧州統一基準の学士−修士−博士の3−5−8年制）に基づいてカリキュラム改革が行われた。

　ここまで見てきた様々なポイントは，あくまで理解のための要素であり，ルールではないことに注意されたい。それぞれの要素には数多くの重要な例外がある。高等教育システムは常に強い緊張を受けながら，流動的で，絶え間なく改革を繰り返している。

●図表8-2　フランスの高等教育●

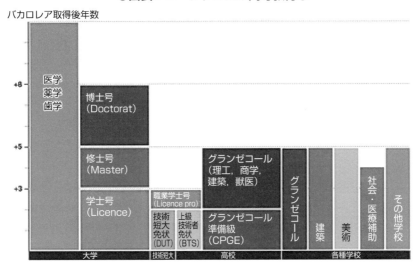

出所：https://www.agrocampus-ouest.fr/international/etudier-agrocampus-ouest/
comprendre-lenseignement-superieur-francais

2. 現在の状況

　新型コロナ感染症危機は，国レベルで高等教育の再編が進む中で発生した。
この再編は15年ほど前に始まった長期の改革である。以来，政権交代があっ
たものの，フランスの高等教育システムを国際的にみたときのわかりづらさ
を是正する試みは一貫して続けられた。高等教育機関が分裂した状態はグロ
ーバルな競争力の欠如の原因である。フランスの研究者は個人レベルでは評
価されていても，彼らを育成した教育機関の評価はあまり高くない。

　この状況を改善するため，教育・研究機関を地域レベルで統合する決定が
なされた。その際，あらゆる方面からの抵抗が予想されたため，この統合方
針には，卓越性イニシアチブという独自の戦術が用いられた。このプログラ
ムは2009年に開始され，現在も継続中である。既存の機関は，地域統合のプ
ロジェクトを策定することが求められ，プロジェクトは国際的な審査員によ
って，その達成目標の質が評価される。採択されたプロジェクトには数千万

ユーロの補助金が約束され，この資金は教育研究機関のプロジェクトや地域の研究活性化に充てられる。サクレー（Saclay，パリ南西20kmに位置するコミューン），ストラスブール（Strasbourg），エクス－マルセイユ（Aix-Marseille）などはこうしたプロジェクトで成功を収めたものの，他の多くの地域では，関係機関のアイデンティティの転換と運用方法の全面的な再編につながるため，大きな軋轢を生んでいる。機関統合手続きの中には，一旦は開始されたものの中断に追い込まれ，資金を失ったものもある。

　また，2020年には，フランス政府は「ユニバーサルな年金制度」の導入を目指す年金改革を強力に推し進めた。その目的は，民間部門，公的部門を問わず，賃金労働者の間で身分を調和させることにある。しかしこの法案は，大きな抵抗にあった。教員と研究者も多くがこの改革に強い反対運動を展開した。そのため政府は，2020年春，議会の最初の読会（法案の朗読と慎重審議）で法案の強行採択を実施した。しかしそれ以来，公衆衛生危機のために作業は中断され，2021年3月現在に至るまで，再開されていない。

　最後に，第3の背景要因として，研究改革法がある。フランス政府は2019年，研究および高等教育を推進するため，研究計画法（LPR：loi de programmation de la recherche）を導入すると発表した。このプロジェクトも大学界からの強い批判の対象となり，2020年春のコロナ危機でいったんは中断されたが，同年9月に議会での制定作業が再開され，12月24日に法律は採択された[6]。同法の目的は，政府がプロジェクトベースで長期の資金提供を確約することで，研究活動を活性化させることにある。

　コロナ危機はこうした国内の政治的な紛争リスクをはらんだ状況の中で発生した。当初，我々は皆，それが一時的なものに過ぎないと信じていた。しかし実際には，2020年3月17日から5月11日までの2か月間，我々の生活は完全に停止し，全国民がステイホームさせられた。そしてその後も，危機は恒常化し，集団生活に大きなブレーキがかかっている。このことが，とりわけ高等教育に多大な影響を及ぼしている。

Ⅲ 公衆衛生危機で一変した高等教育
─システムの状況適応

　まず，はじめに，フランスでは2回のロックダウンが行われたことを強調しておく必要がある（2021年3月現在）。2020年3月中旬に始まった1回目は，徹底したロックダウンであったが，それは授業がほぼ終わり，学生たちが試験の準備を始めている時期であった。ロックダウンは4月の復活祭の休暇（vacances de Pâques）中も行われた。フランス全土が晴れ渡り，予期せぬバカンスの雰囲気に包まれていた。2回目のロックダウンは2020年10月30日から12月15日まで行われた。しかし状況は全く異なっていた。この時期は大学にとって，授業やその他活動全般で，1年で最も忙しい時期である。季節的にも曇りや雨天が多く，日に日に寒さが増し，日脚も急速に短くなっていく。もはや緊急事態ではなかった。

　ロックダウンでは，まずは緊急的な適応が不可欠となった。そこにはマイナス面とプラス面があった。

1. 緊急時の適応─大学とロックダウン

　数次にわたるロックダウンの影響は，教育研究機関の組織運営，教育，国際交流プログラム，そして最終的には研究活動にも及んだ。

　コロナ危機の第1の影響は，2020年3月17日からの厳格なロックダウン開始の決定によるものである。この決定は，前日の3月16日の大統領演説でフランス国民に発表され，具体的な措置がその数時間後に内務大臣によって発表された。3月17日から，全ての公的機関が閉鎖を余儀なくされ，高等教育・研究機関においても施設の閉鎖と立ち入りが禁止された。これは，原則，集団活動で成り立つ全ての大学活動の停止を意味した。この措置は当初2週間の予定であったが，その後5月11日まで延長された。

　この決定により，教育研究機関の事務管理部門の仕事は過密さを極めた。ジェスト・バリエール（感染予防の振る舞い）の徹底，遵守すべき身体的距離を確保するための施設の整備，国内在庫が完全に不足していたマスクとア

ルコール消毒ジェルの確保，事務室で着座を認める席数の削減など，政府が決定した措置を確実に遵守しなければならなかったからである。そして速やかに施設閉鎖を実施して，業務のスケジュールを再調整しなくてはならなかった。また職員は，テレワークに備えて自宅での通信環境を急ぎ確保するとともに，外出は週1回の食料品の買い物のみ，子供達の家庭での学習，外出の度の証明書の作成など，市民一人ひとりに課せられた義務に自分自身で対応する必要もあった。図書館は閉鎖されたが，そもそも本に触れる手指を介してウイルスが伝染するのではないかと，人々を恐怖に駆り立てていた。

　2つ目は教育への影響である。当初，授業は中断を余儀なくされ，後に遠隔で授業が行われるようになった。約2週間にわたって全ての教育活動が停止したが，それは，2020年3月から4月にかけて1週間続く恒例の春休みの直前に始まり，4月中旬の後期の授業終了の数週間前というタイミングであったため，被害は最小限に抑えられた。最後の授業は，各自が利用可能な手段を用いて，遠隔で実施された。フランスの大学では，教育用デジタルツールとしてオーストラリアで開発されたMoodleという学習管理システムが普及しており，主に学生に教材を提供するために利用される。多くの教員が講義の内容を文章に置き換え，メールで送信していた。期末の筆記試験は，科目によっては，レポート課題に置き換えられた。各自が利用可能なデジタル手段を使用して，教師と学生が直接コンタクトをとることもできた。筆者の場合，フリーソフトを用いて最後の授業を行ったが，インターネット接続が悪く何人かの学生が出席できなかった。教育機関によっては学校のデジタルプラットフォームを利用して，全ての受講生が同時にオンラインで接続して制限時間内に答案を作成させるという，リモート試験を実施したところもある。

　もう1つ，別の問題も生じた。学生たちの帰省である。学生の多くは遠隔の地方出身者で，ロックダウンにより親元に戻らざるを得ない状況に置かれた。また，とりわけパリのような都市部では，事情が許せば田舎に移り住むという人たちで溢れ，人口大移動が起きた。実際，筆者の多くの同僚もそのような状況にあった。そしてフランス全土が十分なデジタル設備を装備しているわけではないため，都市と地方の間での「デジタル・デバイド（fracture numérique）」の影響を強く受けることとなった。そのため，教員と学生との間，あるいは教員・学生と高等教育機関との間のデジタル接続が極めて困難となっていた。筆者のクラスのある優秀な女子学生は，実家にインターネットがなかったため，庭に出て，4G回線を通じてしか受信できない環境に置かれていた。全ての学生が平等で公平に処遇されるという原則が試されたのである。そのため多くの教育機関が後期の成績評価に際して，必要な点数の引き下げや科目によっては自動的に合格判定とするなど，特例措置をとらざるを得なかった。

　Covid-19危機は，国際交流プログラムにも大きな影響を与えた。今日，多くのフランスの高等教育機関が国際交流を積極的に行っている。筆者が所属するリヨン政治学院では，専門分野の中に地域研究があり，3年生の学生は全員1年間海外で過ごすことになっている。現在，100近くの外国の大学と協定を結んでいる。しかし世界中の大学でも対面授業の突然の停止を余儀なくされ，遠隔教育に移行，海外でのインターンシップも多くが中止となった。日本や韓国，台湾に滞在していた学生の中には現地にとどまることができた学生もいるが，ほとんどの学生はフランスの家族の元に帰らざるを得なかった。この強制帰国は，国の組織体制が不十分であったり，遠隔地で交通アクセスが困難な地域にいたりする学生にとって，対処困難なパニック行動を引き起こした。例えば，フィリピンの島嶼や南米に取り残されたフランス人学生がメディアで報道され，注目を集めた。筆者の学生の1人は，パンデミック危機の真っ只中にベトナムで虫垂炎にかかり，3週間近く非常に危険な状況が続いていた。リヨン政治学院では，ここ数学期の間，海外にいたため最終試験を受けることができなかった学生に，自動単位認定の措置をとる決定をした。

　フランスにいる外国人留学生は，全体としては，豊かな国の学生は帰国し，貧しい国の学生はフランスに留まらざるを得ない状況にあった。フランスにとどまった発展途上国の留学生の多くは，ウェイターや商店の販売員などの学生アルバイトの仕事で生活を支えていたため，ここでも非常に厳しい状況に直面した。バイト先が突如休業となったため，学生は無収入の状態になっ

たのである。大学の学生食堂は閉鎖され，彼らの多くは孤立し，物心両面で極めて厳しい状況に置かれた。主要な学園都市では，彼らに食料や生活必需品を提供するための連帯行動がみられた。 悲嘆にくれる学生たちを支援するための団体にボランティアで参加する心理カウンセラーも現れた。

　最後に，全ての研究活動も停止となった。2か月間にわたって，研究会，セミナー，討論会，講演会が全てキャンセルされた。一部のイベントは，数か月先，あるいは翌年に延期された。徐々にではあるが，イベントによっては，ビデオ会議システムを用いてリモートで開催されるものが現れた。大学や研究機関は，リモートでのコミュニケーションを可能にするツールをいち早く整備した。これまで，フランスの研究教育機関の執行部は，セキュリティ上の理由から，デジタル技術の採用に非常に消極的であった。誰もが，デジタル化が引き起こすシステムの脆弱性を疑っていたからである。それまでのルールは移動して対面で行うことが原則で，ビデオ会議は例外であった。しかし危機のおかげで，デジタルツールが増え，教育研究機関も新しいアプリケーションを導入していった。複雑さや安全性のレベルの異なる様々なアプリケーションが提供されており，それぞれに機能も異なる。失敗に終わった試みも少なくないが，成功した試みはそれ以上に多かった。こうした技術の変化に，教員も迅速に適応することを余儀なくされた。

2. プラス面とマイナス面

　我々の活動全体が急速にビデオ会議で開催されるようになるにつれ，いくつかのプラスの側面が浮上してきた。まず，即時的効果として，学術的会議や研究会における参加者の増加である。例えば，筆者の研究所の月例研究会では，いつもなら対面で20人ほどの参加者であったのが，オンライン開催では100人にまで達するようになった。リモート会議の方が，出席がはるかに容易であることが影響している。移動時間が節約でき，セッション中に他の参加者に迷惑をかけることなく別の仕事を片付けることが可能となり，研究仲間との連絡もスムーズになった。実際，ビデオ会議では，個人的なメッセージを送ったり，個別の発言を直ちに承認したり，直前の発言に対する質問

を書面で提出したり，可視化されたドキュメントを配布したりといった，新たな形の相互作用を可能にしてくれる。また我々の活動をリモートで実施することで，交通費や印刷コピー代，食費など，共同学術研究にこれまで要してきた金銭的費用が全くかからなくなった。

　他方で，マイナスの側面も現れている。そうしたマイナス面に気づいても，適切な対応をとるまでには時間がかかるから，いくつかのタイプの損害が発生した。

　人と人とのつながりが途絶え，全ての接触がデジタル化されたことで，突然，人と和む場はおろか，社交の場さえもなくなってしまったのである。接触がないということは，ウイルス感染の心配がないという安心感を与えてくれる。しかし他方で，身体的接触や，ただ誰かが存在するというだけで，聴く，見るなどの，個人のあらゆる感覚が刺激されるから，接触がなくなってしまうとストレスを感じさせる面もあった。誰かと一緒に生きているという感覚が，自然と不安を和らげてくれる。こうしたこと全てが突然，そして長期間，止まってしまったのである。

　学生たちは羅針盤（repère）の喪失という，深刻な事態に陥った。ロックダウンが宣言されるやいなや，家族の元に戻ることができなかった学生たちは，窮屈な宿舎に閉じ込められて孤立していることに気づかされた。勉学の目的は一時的に消し去られ，それまでの自分たちの経験を共有するために仲間と集まることもできなくなった。1日，1週間，1ヵ月のリズムを刻んできた普段の生活，努力の先に手にする短期的な目標，仲間との日々の接触や余暇活動など，全てが止まってしまった。多くの学生が方向を見失い，精神的障害にさいなまれた。

　そしてロックダウンは甚大な金銭の空費にもつながった。その原因の1つは，予定していた活動のキャンセルによるもので，すでに支払った列車や飛行機のチケット代，部屋の予約料などが，払い戻しされなかったためである。また，フランスの公会計は単年度主義で，各機関が使用しなかった金額を翌年に繰り越すことはできないことも影響している。

　1回目のロックダウンは2020年5月11日に終了し，生活はほぼ普段のリズ

ムを取り戻しつつあった。パンデミックが再来するのではという漠然とした予感はあったものの，人々の無謀さの方が勝っていた。我々の多くが，危機は数ヵ月しか続かないと考えていた。

Ⅳ　危機によって変化した高等教育──その後の世界

　世界のあらゆる場所でそうであるように，パンデミックは終息することなく，長期的な現象となった。パンデミックの高等教育への影響は進化し，変化している。変化の最終的な姿がどのようなもので，どの変化が可逆的であるかを区別することは容易ではない。

1. 危機に対する持続可能な適応──2020年9月の新年度開始

　9月の新年度の開始は，残酷なまでの医療の現実に立ち返る瞬間であった。感染拡大が本格的に再燃し，かつてのノーマルを取り戻すことが不可能であることがはっきりした。新学期は例年通りスタートする予定であったが，衛生対策の実施を伴うこととなった。しかし，これが計画通りにはいかなかった。

　2020年6月11日のMESRI通達で[8]，衛生対策の徹底が義務づけられた。マスクの配布と着用，施設や機材の清掃と消毒，日常のビズ（挨拶のキス）などの直接接触をやめることを意味する「ジェスト・バリエール」に関する情報提供などである。加えて，屋内空間を定期的に換気するとともに，アルコール消毒ジェルを利用できるよう常設しなくてはならなかった。

　適用が特に難しかったのが，物理的ディスタンシングである。対人身体距離を最低でも1メートル以上空けなくてはならないとするもので，様々な具体的措置が求められた。人と人とができるだけ交差しないように動線を確保し，教室を同時利用できる人数を本来の収容定員の50％までとする，などである。それ以外の学生は，リモートで受講しなくてはならなくなった。

　これら措置の最も直接的な結果として，大学の受け入れ可能な学生数が減少するリスクがもたらされた。2020年9月の新年度の開始時点で，予想された減少幅は30〜50％であった。それは，バカロレア合格者（大学入学資格者）

が高等教育にアクセスできなくなることを意味し,「高等教育へのアクセスは,その能力に応じ,全ての人に完全に平等に開かれなければならない」と規定した,世界人権宣言の第26条1項に反するものである。そうしたスキャンダラスな事態を回避するため,MESRIは2020年7月24日,21,500人分の学生受け入れ枠を追加で設けると発表した。この発表が遅れたのは,それが大学の学年度末の最終日で,キャンパスが閉鎖される時期と重なったためである。

他方,学生間のディスタンシングの確保は,物理的スペースの不足により実質的に不可能であった。したがって,9月の新年度は,例年とほぼ変わらない状態でスタートした。授業開始の第1週目から,大規模な大学の講堂は定員上限の学生で埋め尽くされた。感染リスクを恐れて早期退職権を行使する教員すら現れた。新入生の歓迎イベントが始まって1週間でウイルスが爆発的に広がり,9月末から10月の初めに閉鎖を余儀なくされた大学や学校もある。このようにして感染流行が再び始まり,2020年10月29日デクレ(命令)により2回目のロックダウンが宣言され[10],12月15日まで続いた。しかし新たな流行の発生を避けるため,その後,移動を制限する「夜間外出禁止令」が発令され,正当化され得る例外事由を明記した証明書を携行しない限り,午後6時以降,フランス人はもはや外出する権利すら奪われた。

2. 公衆衛生危機の長期的な帰結

以来,エピデミックは恒常的な局面に入り,我々の日常生活の一部となった。2021年3月中旬になっても,政府はエピデミックが収まる見通しを一切発表できず,メディアは流行再開を警告し続けている。感染の有無を調べる検査は日常化し,高齢者や基礎疾患者などの重症化リスクの高い人達を中心に大規模なワクチン接種が行われている。

エピデミックの長期化を前提とすると,大学への影響は極めて深刻である。注目すべきは,大学が逆説的な状況に置かれていることにある。学生は,Covid-19に対するハイリスク集団には含まれない。感染しても,ほとんどの場合,無症状であるか,軽症で済む。しかし大学は人々が密集する場所であり,それゆえ感染が起こりやすい場所である。そのため,全ての授業をリ

モートで開催することが決定された。しかし2020年12月，このような措置は学生に重大な悪影響を及ぼしかねないとの警告が，政府に報告された。

　不確実性が着実に忍び寄り，そして恒常化していくにつれ，極度に衰弱した若い学生と教師の精神的バランスに悪影響が及んだ。大学1年生が，羅針盤喪失の最大の犠牲者であることは明らかであった。2021年2月4日に，マクロン大統領は自らこの問題に介入し，学生の20％が出席する形で授業を再開すると発表した。しかしこのように発表したものの，それを実施に移すことは極めて困難で，多くの問題を引き起こした。20％の学生をどう選別するのか，ローテーションをどう実施するのか，対面授業とオンライン授業を同時に組み合わせる（co-modal）方式をどう構築するか，学生寮を引き払った学生（例えば，カリブ海諸国やレユニオン島出身の学生などは母国に戻ってしまった）の処遇をどうするのか，などである。

　大学間交流に関しては，学生たちはいくつかの目的地にアクセスできなくなってしまった。現に，リヨン政治学院では，いくつかの国と毎年行ってきた交換留学生を派遣することができないでいる。例えば米国やブラジルへは，感染症対策が不十分であるため，学生を派遣することができない。日本は，国の政策として外国人の入国を拒否しており，ビザの発給を受けられないため，留学生は渡日できないでいる。英国はEU離脱に伴い，学生や研究者の人材交流を促進するエラスムス計画からも脱退してしまった。これら学生交流の停止は中期的に悪影響を及ぼす可能性がある。フランスの若者にとって渡航ができない国の魅力は低下し，彼らの関心は韓国や台湾などのアクセスが可能な国へと向かうであろう。今後10年間で，渡航不能な国についての研究を専攻する学生の数は減少するかもしれない。

　フランスの大学では，もとより全ての授業を実施するにはスペースが決定的に不足していたため，リモート授業は施設面での節約につながる。あるいは，スペース不足を理由に一部の授業は完全にオンライン化され，そうしたスペースを作るための公的資金が削減されることも考えられる。したがって中期的には，教師と学生，学生同士の関係の質が低下するかもしれない。

　教育に関しては，長期的には根源的な変容が避けられないであろう。コン

ピュータ画面の前で過ごす時間はより高い集中力を要求するため，1セッションで2〜3時間というこれまでの授業形式を維持することは困難となり，デジタルツールは根本的に新たな教育法を必要とするであろう。デジタル技術は，新しいアプリケーションとのインタラクティブなやりとりを必要とするため，コミュニケーション支援も見直さなければならない。新たなアプリケーションには，「チュートリアル」やセルフトレーニング・プラットフォームなど，教育研究者がほとんど知らなかった技術が含まれている。しかし筆者は，こうした方法が学習者の強い責任感につながることにも気づいている。学生は自らの学びに対してより多くの責任を自覚し，これまで以上に勉学に取り組むようになった。しかし彼らはまた，これまで以上に燃え尽き症候群のリスクにもさらされていることもまた事実である。

　研究に関しては，学会活動に関わる経費（交通費，宿泊費など）を節約できたことが，研究教育機関への助成金の減額につながることが懸念される。とりわけ国際協力の分野でその懸念は深刻である。Covid-19危機は，長い目で見れば，国境を越えた人間関係を損なうことになるのではないだろうか。

V おわりに

　我々はいまだ危機と緊張の最中にあり，それはすでに長期に及んでいる。今日，我々は日常にどう対処するかに忙殺されており，危機が終息したときにどうするかという「コロナ後」は，もはや我々の話題に上ることはない。当面の使命をいかに遂行し，コミットメントを果たし，知識をどう伝達し，日々直面する様々な心理的緊張にいかに抗うか。そうしたことで我々は手一杯である。大切なのは，学生たちの将来の運命を狂わせないこと，そしてこの期間を乗り切るための手助けをすることである。正直なところ，コロナ危機が明確かつ正真正銘に消失するという理想的な終わり方ではないとしても，やがては収束を迎えるであろう。我々は危機と共存することを学び，人間関係や余暇活動，さらには人生の選択を再調整することになるだろう。

　プラスの側面が確かに存在し，最終的に我々はその利益を手にするであろ

うことも忘れてはならない。技術的進歩が人々の働き方にもたらすメリット
は明確かつ，強力で，そして満足のいくものである。ビデオ会議はすでに我々
の日常生活の一部となり，コミュニケーションと知識の普及のために我々が
自由に使えるデジタルツールの質は飛躍的に向上している。

注

1　この考えは，物理学教授とノーベル物理学賞受賞者であるジャン゠ペラン教授によって
　擁護された。L'histoire du CNRS, https://histoire.cnrs.fr; Jean-François Picard, "La
　création du CNRS", *La revue pour l'histoire du CNRS*［En ligne］, 1 | 1999, mis en ligne
　le 06 décembre 2006, http://journals.openedition.org/histoire-cnrs/485（DOI: https://doi.
　org/10.4000/histoire-cnrs.485）〔2021年3月10日最終アクセス〕.

2　https://iao.cnrs.fr

3　教育法典L. 952-2条:「教育研究者，教員，および研究者は，大学の伝統と教育法典に定
　められた規則に則って適用される寛容と客観性の原則の範囲内において，最大限の自立と
　完全な表現の自由を享有する。」

4　Décision n°83-165 du 20 janvier 1984. 研究および教育スタッフの自由な表現が保証され
　なければならない。

5　https://www.enseignementsup-recherche.gouv.fr

6　LOI n°2020-1674 du 24 décembre 2020. 2021年から2030年までの研究の複数年度計画で
　あり，研究と高等教育に関連する様々な規定を含んでいる。以下を参照。
　https://www.legifrance.gouv.fr/dossierlegislatif/JORFDOLE000042137953/#:~:text＝La
　％20programmation％20de％20la％20recherche,seront％20notamment％20mobilis％C3％
　A9s％20chaque％20ann％C3％A9e〔2021年3月10日最終アクセス〕.

7　大学の春季休暇は1週間，小中高校の休暇は2週間である。

8　MESRI，2020年度の新学期準備に関するMESRI運営者向けのガイドライン。
　Circulaire du 11 juin 2020, ; https://www.snesup.fr/sites/default/files/fichier/
　circulaire_-_orientations_pour_les_operateurs_mesri_relatives_a_la_preparation_de_la_
　rentree_universitaire_2020.pdf〔2021年3月10日最終アクセス〕.

9　MESRI，若者プラン:学業を続けるために新しいバカロレア保持者の進学希望に応える
　ため，2020年の新学期において21,500の追加の定員，2020.7.24通達；
　https://www.enseignementsup-recherche.gouv.fr/cid153304/plan-jeunes-21-500-places-
　supplementaires-a-la-rentree-2020-pour-repondre-aux-voeux-de-poursuite-d-etudes-des-
　nouveaux-bacheliers.html〔2021年3月10日最終アクセス〕.

10　2020.10.30デクレ n°2020-1310，公衆衛生緊急事態下でcovid-19の感染流行に対処するた
　めに必要な一般的対策に関わる命令；JORF n°0264 du 30 octobre 2020 ; ELI : https://
　www.legifrance.gouv.fr/eli/decret/2020/10/29/SSAZ2029612D/jo/texte〔2021年3月10日
　最終アクセス〕.

ジャリュゾー ベアトリス
（長谷川信次訳）

ポスト・コロナと教育

第**9**章

Ⅰ　はじめに

　2020年1月5日，新型コロナウイルス感染症（以下，コロナ）の存在について専門家が指摘してからわずか数ヵ月の間に，コロナは全世界を席巻することになる。3月中旬には150カ国以上で感染が確認され，約15万人が感染し，約6千人が亡くなった。2020年12月上旬の段階では，世界中で約665万人が感染，死亡者数は累計で153万人に上っており，まさに未曾有の事態である。コロナが世界を席巻する間，各国では様々な感染防止策が講じられ，フランスでも，3月17日午後12時から55日間にわたる外出制限が発動された（条件を遵守しないで外出した者には罰金が科される）。

　この間，多くの人々が精神的にも肉体的にも，そして経済的にも極めて厳しい状況に置かれた。このコロナ禍により，我々の思考や生活の様式は，意識的にせよ無意識的にせよ，甚大な影響を受けたと言える。我々はこのコロナ禍とその後の世界にどのように向き合い，何を得て，何を変えていくべきなのか。本章では，特に教育の分野にスポットライトを当てて，コロナをきっかけにどのように教育を変革すべきなのかについて，概括的に述べたい。

Ⅱ　コロナによって社会はどう変わるのか

1．3つの潮流とデジタルの加速

（1）3つの潮流

　コロナによって世界は，社会はどう変わっていくのだろうか。この問いに対しては，既に数多の考えや見解が示されているが，ここでは株式会社三菱総合研究所が2020年7月14日に発表した「ポストコロナの世界と日本─レジリエントで持続可能な社会に向けて」[1]において示されている見解を紹介したい。同見解では，コロナ禍の経験により世界の潮流は大きく変化しているとし，「既に現れていた潮流の加速」，「新たな潮流の出現」，「当たり前と思っていた価値の再認識」という3通りの変化があるとした上で，①近年のSDGs（持続可能な開発目標）への関心の高まりという潮流の加速，②集中から分散・多極に向かうという潮流[2]の出現，そして③デジタルの加速とリアルの融合という現象が生じるとする。特に③については，人々の価値観や行動の変容によるデジタル化の加速，リアルの価値への再評価，デジタルとリアルの使い分けやリアルの魅力をより引き出すデジタルの活用といった形で，両者の融合が進んでいくとしている。

（2）デジタルの加速

　こうした見解を前提とした場合，我々の思考や生活に最も短期的に変化をもたらすものは，デジタルの加速とリアルの融合であろう。特にコロナ禍を経験した後では，好むと好まざるとにかかわらず，デジタルの加速に否応なしに適応することが求められることになる。実際，フランスでの外出制限措置は強制力を伴うものであり，多くの企業や官公庁は一斉にテレワークに移行することとなった。これほどまで大規模な形でテレワークを実施した過去はなく，テレワークが人々にどのように受け止められたのかが気になるところである。

　この点，フランスにおける調査[3]によると，61％がテレワークを実施した

と回答し，約4割が「テレワークにより孤独を感じたことがある」と回答している。裏を返せば回答者の6割はテレワークにそれほどの抵抗を感じていないことになる。一方，日本の内閣府が行った調査[4]によると，就業者全体の約4割が，コロナ禍をきっかけに，何らかの形でテレワークを希望しているとの結果が出ている。また，大都市圏，地方圏双方ともテレワークの実施により通勤時間が大幅に短くなったというデータもあり，約7割が「現在の通勤時間を今後も保ちたい」と回答している。通勤時間のみならず通学時間など移動にかける時間が長ければ長いほど，テレワークや遠隔授業によって新たに生み出される時間は長くなるのであって，生み出された時間を有効に活用して新しいことにチャレンジする，あるいは家族と過ごす時間を増やすなどの効用が生まれることになる。

2. 外出制限と遠隔教育

　ここで，教育分野について目を向けてみたい。コロナ禍において，フランスでは外出制限措置とともに学校が閉鎖され，また日本においても学校の一斉臨時休業が行われるなど，日本もフランスも学校教育の全ての関係者が遠隔教育に向き合わざるを得ない状況となったわけであるが，その際，どのような課題が浮き彫りになったのであろうか。以下では，日仏両国の状況を簡単に紹介してみたい。

（1）フランスの事例

　3月12日，マクロン大統領はテレビ演説を行い，国民の連帯を呼びかけつつ，複数の政策・方針を発表。その中には，感染拡大を食い止めるため，16日以降新たな指示があるまで保育所，小中学校，高等学校，高等教育機関を閉鎖することが含まれていた。翌13日，ブランケール国民教育大臣は，少なくともPâquetの休日[5]までは学校は閉鎖されるとした。その後は全国各地における小中学校，高等学校の休校措置が続き，4月12日になって緑ゾーン（感染がそれほど広がっていない地域）にある学校から順次再開が認められ，6月14日のマクロン大統領の演説において，各学校で徹底した保健衛生措置を

とることを条件に授業が再開されることが宣言された。休校のアナウンスメントがあった当初は，小さな子供を抱える家庭を中心に保護者間でベビーシッターの争奪戦が発生するなどの混乱が生じたが，保護者が医療従事者であるなど特別な事情を抱える家庭については，子供達の学校への通学が認められるなどの配慮が行われた。同時に，各学校では一斉に遠隔教育の対応を迫られることとなり，多くの混乱が生じていた。このため国民教育省は，教育の継続性確保の観点から，休校で学校に行けなくなった子供を対象に，フランス国立遠隔教育センター（le Centre national d'enseignement à distance：CNED[6]）の遠隔教育用プラットフォームMa classe à la maison[7]を開放し，子供達がそのサイトを通じて教員に質問をし，課題を提出することができるようにした。また，民間の提供する遠隔教育支援サイトを活用し，教員と児童生徒のコミュニケーションの確保と課題の提供・提出を通じて教育活動を継続する学校や，ZOOMなどのビデオ会議用アプリを活用して授業を継続する学校なども現れ，各学校とも与えられた条件下において，なんとか教育の継続性を確保しようと取り組んだ。ただし，実際には学校によって遠隔教育の質に大きな差が生じており，教育の公平性という観点からは，大きな課題を残したと言えよう。また，経済的に厳しい家庭などにおいては，インターネット環境がない，パソコンやタブレットPCなどを持っていないという状況があり，そもそも遠隔教育にアクセスできない子供達が一定数（国民教育省によれば5％から8％とされている）存在していることが，大きな社会問題となった。このように困難な状況に置かれている子供達の教育を支援するため，地域によってはla poste（日本の郵便局に相当）が学校からの宿題をプリントアウトして各家庭に届け，その提出もla posteを通じて行うなどの取り組みも見られた。

(2) 日本の事例

　日本では，2月27日，新型コロナウイルス感染症対策本部において，全国の小中高等学校，特別支援学校に3月2日以降の臨時休業を要請するとの考えが表明され，翌28日には文部科学省から事務次官名で通知[8]が出されるなど，

こちらも慌ただしく事態が展開した。3月2日から休校してそのまま春休みに入ってしまうと約3週間分の授業時数が不足することになるため，文部科学省は学校設置者である各地方教育委員会に対し，学年の修了や卒業認定について柔軟に対応するよう求めた。日本では，働きながら子育てする保護者への影響を避けるため，保育所は休業要請の対象とはならなかったが，それでも27日から臨時休業が始まった北海道では，多くの看護師が出勤できなくなってしまったため，予約や救急以外の外来診療を休止することにした病院もあったという[9]。学校，特に小学校は，学習機会の提供だけでなく，日常の社会経済活動を支えるという役割も担っているということを，改めて気付かされることとなった。

　次に教育の継続性の確保という観点から見てみたい。臨時休業中の公立学校における家庭学習の状況に係る文部科学省調査[10]によると，デジタル教科書やデジタル教材を活用した家庭学習[11]を行った学校設置者の割合は29％であった一方，同時双方向型のオンライン指導（受信側に教員はいないものの，オンラインを通じて児童生徒と教員が対面形式で行う指導）を通じた家庭学習を行った同割合はわずか5％であった。一方で教科書や紙の教材を活用した，いわゆるアナログでの家庭学習の割合は（当然とは言えるが）100％となっており，デジタル化への対応，オンラインを活用したICT教育，遠隔教育の展開という点では，まだまだ学校教育現場に浸透していないことが浮き彫りになった。また，先の内閣府調査[12]によると，「①学校の先生からオンライン授業を受けている」と回答した子育て世帯の割合は10.2％，「②学校の先生からのオンライン上の学習指導（メール等）を受けている」と回答した割合は11.1％，「③学校から家庭用のオンライン教材の提供を受けている」と回答した割合は15.2％となっており，学校の教員と児童生徒のコミュニケーションを前提とする指導は1割強に過ぎない結果となっている。さらには地域間格差も大きく，「学校の先生からオンライン授業を受けている割合」は全国平均が10.2％なのに対し，東京都23区が26.2％，東京圏（東京都，埼玉県，千葉県，神奈川県）が17.1％，大阪・名古屋圏（大阪圏：大阪府，京都府，兵庫県，奈良県。名古屋圏：愛知県，三重県，岐阜県）が8.7％，地

方圏（三大都市圏以外の北海道と36県）が6.7％となっており，東京都23区と地方圏との格差は実に4倍近くにもなっている。

Ⅲ　目指すべき教育の姿とは

1. 学校でしかできないこと

(1)「リアル」な教育機会を提供する場としての学校

　ここまで日仏の遠隔教育の実態を簡単に紹介してきたが，期せずして学校に行けない状況が全国規模で一斉に生じたことは，これまで当たり前のことと考えられていた，学校に「物理的に」通学することの意義が改めて見直されるきっかけとなったと言えよう。中央教育審議会初等中等教育分科会「『令和の日本型学校教育』の構築を目指して〜全ての子供たちの可能性を引き出す，個別最適な学びと，協働的な学びの実現〜（中間まとめ）」（令和2年10月7日）（以下，中間まとめ）においても，学校が学習機会と学力保障という役割のみならず，子供達の居場所やセーフティネットとして心身の健康の保障という福祉的な役割をも担っていることが再認識されたと指摘している[13]。また前述した通り，保護者の側から見た場合には，保育機能としての学校の持つ意義も極めて重要である。このように，コロナ禍は学校教育に対する認識を新たにする大きなきっかけとなったが，ここで重要なのは，「リアル」な教育機会を提供する場としての学校という点について，より深く認識することである。

　かつてはデジタル技術の急速な進歩を背景にしたeラーニングやモバイル学習などの普及に伴い，従来型の学校教育モデルに未来はないとの意見もあった。確かに現在の学校教育モデルは産業革命モデルとも言え，100年以上も前から続いているモデルであるが，学校教育の本質的な存在意義（raison d'être）は，家族を離れて集団生活を送る中で，知識技能の習得だけでなく，自己肯定感や他者への尊重という態度を育みながら，同時に集団生活に必要な協調性や社会性を身に付け，規律の必要性を学ぶことができるという点にある。「リアル」な学校は，社会性を育む上で必要不可欠と言えるであろう。

（2）求められる力

加えて，こうした「リアル」な学校の存在は，複雑化・多様化する社会，テクノロジーの進歩により急速に変化する社会を生き抜くための力を育む上で，ますます重要なものとなっていくと考えられる。

変化の激しい社会にあって，どのような資質・能力を身に付けておくべきなのかという点に関しては，既にいくつかの概念が示されている。代表的なものはOECDのキーコンピテンシーであろう。これは，OECDが1999年〜2002年にかけて行った「能力の定義と選択」（DeSeCo）プロジェクトを通じて形成された概念で，単なる知識・技能にとどまらず，（課題に対峙する）姿勢を含む社会心理的なリソースを駆使しながら，特定の文脈の中で複雑な課題・要求に対応できる力として定義されている[14]。文部科学省ではこの概念を基に，①社会・文化的，技術的ツールを相互作用的に活用する能力，②多様な社会グループにおける人間関係形成能力，③自律的に行動する能力の3つにカテゴリー化して整理している[15]。またその他にも，メルボルン大学とシスコシステムズ，インテル，マイクロソフトが中心となって2009年にスタートさせた「21世紀型スキルの学びと評価プロジェクト Assessment and Teaching of Twenty-First Century Skills Project」（ATC21S）においては，21世紀型スキルとして4領域・10スキルが定義されており[16]，知識（Knowledge），技能（Skills），態度（Attitude），価値（Values），倫理（Ethics）の頭文字をとってKSAVEモデルと称されている。

これらOECDが提示するキーコンピテンシーにしても，ATC21S で示された21世紀型スキルにしても，細かな点で内容に差があるものの，基本的には，言語や数，情報を扱う「基礎的なリテラシー」，思考力や学び方を中心とする「認知スキル」，社会や他者との関係やその中での自律に関わる「社会スキル」という大きく分けて3つの資質・能力を育成しようとしている点で共通していると言える[17]。これらの資質・能力を育成していく上でデジタル技術を活用することはもちろん効果的であるが，「認知スキル」と「社会スキル」，とりわけ後者の育成に当たっては，やはり他者との「リアル」な交流が必要不可欠である。発達段階の過程にある子供達にとって，友達を作

り，チームワークの大切さを知り，自分と異なる考え方や行動様式を持った他者の存在を知り，理解し，尊重するという態度を養う上で，「リアル」な交流の場を提供する学校は欠かせない存在と言えよう。

2. 産業構造の変化と求められる人材

このように次世代人材に求められる資質・能力については，これまで概念整理がなされてきたところであり，世界的にも一定の共通認識が存在していると言える。一方で，産業構造の変化に目を向けてみると新たな視点が加わってくる。

1989年当時の世界時価総額ランキングを見ると，1位から順にNTT，日本興業銀行，住友銀行，富士銀行，第一勧業銀行となっており日本の企業（特に金融業）がトップ5を独占している。一方で2019年の顔ぶれはアップル，サウジアラコム[18]，マイクロソフト，アマゾン・ドットコム，アルファベット（グーグルおよびグループ企業の持株会社）（GAFAの一翼を担うフェイスブックは6位にランクイン）となっており[19]，情報サービスを提供する企業が上位を独占している。ちなみに9位にはテスラがランクインしている。

テスラのトップ10へのランクインは興味深い。自動車と言えばかつては工業製品の代名詞のような存在だったが，今日の自動車は情報テクノロジーが重要な役割を果たしている。インフォメーションシステムはもちろんのこと，その挙動性能，運転支援システムまで全てがコンピュータによりコントロールされている。生産ラインでは技能労働者よりもロボットが高いウェイトを占めているし，デザインや設計に携わる者，エンジニア，マーケット担当者が自動車の価値創造のほとんどを担っている。自動車産業もまた「モノからサービス」という潮流の只中にあるのである。

またデジタルな世界とは一見程遠いように見える第一次産業の分野でも，AIやデータの活用は世界的なレベルで進んでいる。例えばノルウェーでは，漁業資源の監視や過剰捕獲の特定，漁獲量の割り当てにAIを活用している[20]。農業の分野でも，AI搭載ロボットによる作物の収穫やドローンによる農薬散布，AIによる気温，湿度，生育状況等のデータ分析を通じて節水や

収穫性の飛躍的向上などが実現している[21]。

　以上見てきたように，今日，そしてこれからの世界においてデジタル・テクノロジーと無縁の産業は存在しないと言っても過言ではない。今や世界のインターネット利用率は60％を超えており，世界総人口78億人のうち実に約50億人がインターネットを介してつながっているのである。サイバー空間（仮想空間）とフィジカル空間（現実空間）を高度に融合させたシステムにより，経済発展と社会的課題の解決を両立する人間中心の社会，すなわちSociety5.0は既に我々の眼前にある。

　このような世界において必要とされる人材像とは何か。2018年に文部科学省が行った検討では，Society5.0において求められる人材像の１つとして「様々な分野においてAIやデータの力を最大限活用し，展開できる人材」を挙げている[22]。すなわち，読み・書き・計算といった「基礎的リテラシー」に加えてデジタル・コンピテンシーを身に付けた人材が必要になってくるとしている。ちなみにインターネットの世界の使用言語の約55％が英語で，その他言語は多いものでも６％弱に過ぎないという状況[23]においては，非英語圏の日仏とも「読み・書き」には英語が含まれると考えておくべきである。デジタル・コンピテンシーと英語力，この２つの力が，産業構造の変化の波に乗っていくためには重要な鍵を握ることになるのである。

Ⅳ　どう実現すべきなのか

　それではこうした次世代人材に求められる資質・能力を養うためには，教育はどうあるべきなのか。ここでは初等中等教育段階を対象に論じるが，ポイントは，①デジタルとリアルのハイブリッド学習活動の充実，②学校内組織の専門分業化，③外部リソースの積極活用の３つに集約される。

1. デジタルとリアルのハイブリッド

（1）デジタルかリアルか

　2019年，文部科学省は小中学校等の児童生徒の「１人１台端末」と「校内

通信ネットワークの整備」を柱とした「GIGAスクール構想」を発表した。2020年度補正予算としては総額2,318億円にのぼる事業である。同年12月5日に閣議決定された「安心と成長の未来を拓く総合経済対策」においては，「令和5年度（筆者注：2023年度）までに特に，義務教育段階において，全学年の児童生徒1人ひとりがそれぞれ端末を持ち，十分に活用できる環境の実現を目指す」とともに「あわせて教育人材や教育内容といったソフト面でも対応を行う」とされており，それを受けて文部科学省において同年12月19日にGIGAスクール実現推進本部が設置された。

　一方フランスでもデジタル教育への関心は高い。フランスでは2020年11月に国民教育省によりデジタル教育に関する会議が開催された[24]。この会議は，コロナの影響で学校が休校となった際に行われた遠隔教育の現状と課題を整理するべく開催されたもので，児童生徒を含む教育関係者を対象に事前に意見を募り，教育のデジタル化推進のための40の提案を取りまとめた。そこでは，生徒のデジタル・コンピテンシーを評価するために作られたオンライン・プラットフォームのPIX[25]を用いて，教員のデジタル教育に係る知識・技能を証明する仕組みを設けることや，教員1人ひとりに対してデジタル教育に必要な教材等へのアクセスを可能とするアカウントを設けるなど，デジタル教育の質向上に関する提案がなされている。

　こうした動きを見ると，デジタルとリアルのハイブリッドな学習活動は，今後ますます注目を浴びるようになるとともに，「1人1台端末」を実現するからには，効果的なハイブリッド学習活動も併せて実現していかなければならないであろう。要は水道管を整備したところで，そこに上質な水を流していかないことには，水道管を整備した意義が半減してしまうということである。上述した「中間まとめ」においては，「遠隔・オンラインか対面・オフラインかといった，いわゆる「二項対立」の陥穽に陥らないことに留意すべきである」との指摘があるものの，デジタルとリアルのハイブリッドな学習活動のベスト・ミックスとは何かについては言及されていない。効果的なハイブリッド学習活動の在り方については，今後，教育現場での研究や検討をさらに深めていく必要がある。

　もっとも，大まかなイメージで言えば，「認知スキル」や「社会スキル」の育成の場面ではリアルな学習活動のウェイトが大きくなると思われるし，「基礎的リテラシー」の育成という場面では，AIを活用した反復学習などデジタル技術を積極的に活用した教育が求められることになるであろう。例えば，算数・数学のように段階的に学習していく教科であれば，ICT（情報通信技術）を活用したドリル学習を通じて躓いた箇所を見付けやすく，また課題を克服しやすいといったメリットを享受できる。また，インターネットに接続した状態であれば，ある絵画の作者が誰なのか，その絵画が作成された時代的背景は何かといった疑問にすぐに答えてくれるなど，デジタルの活用により子供達の学習意欲やモチベーション，知的探究心を向上させることが期待できる。しかし一方で，サイバー空間の比重が日常生活の中で高まっていけばいくほど，リアルな体験の重要性が相対的に高まってくる。絵画１つにしても，デジタルで表現されたものでは，その絵画の本質を知ることはできない。世界的に有名な絵画「印象―日の出」のイメージは，画集やインターネットを通じて繰り返し多くの人々に晒されているが，本物を見たときに味わう感動や，そこから得られるインスピレーションは，デジタルでは得ることができないし，実際の体験や経験を伴わない知識はやはり説得力に欠ける。筆者の場合，「印象―日の出」の本物を見て初めて，印象派というジャンルが人々の心を捉えて離さない理由を自分なりに得心できた経験がある。筆者の個人的な体験はさておき，サイバー空間が拡大すればするほどリアルな体験と感動の重要性は，相対的にこれまでよりも高まっていくであろう。社会階層間の流動性を高めていくためには，給付型の経済支援だけではなく，厳しい環境にある子供達にも生きた体験と感動を味わう機会を提供し，文化資本格差の解消に向けた取り組みを進めていく必要がある。

（2）反転授業

　ハイブリッドな学習活動の形態としては，反転授業が有名である。反転授業とは，一言で表現すると学校での授業と宿題を「反転」させる学習活動をいい，子供達は授業が始まる前に学校外の場で予め知識をインプットしてお

き，学校における授業を通じて，事前に得た知識の確認や定着を図るという
ものである。ただしここでいう授業とは，従来型の「一斉授業」ではなく，
グループ学習やディスカッション形式のものを指す。学校で対話型の授業を
行うことを通じて「認知スキル」や「社会スキル」も同時に育成することが
できるし，またこうした反転授業により効果的に知識の定着を図ることが期
待される。

　この反転授業は，円滑に機能すれば子供達のスキル向上に大きな効果をも
たらすと考えられるが，しかし実際には多くの課題を抱える。知識のインプ
ットに必要な教材を用意する必要があり，その教材も「1人1台端末」を前
提にするのであればデジタル化に対応したものが求められる。また学校外の
時間を活用する必要があることから，家庭環境や子供達自身の学びに向かう
姿勢が鍵を握ることになる。もちろん従来型の一斉授業を前提にしたとして
も，学校外での学習は必要不可欠であり，この点，反転授業と変わるもので
はない。厳しい家庭環境にある子供達が存在する以上，反転学習を行うか否
かにかかわらず，学校外での学習環境の整備は極めて重要である。

　この点，日本での子供食堂といった取り組みが注目に値する。子供食堂は
主にNPO法人や地域住民により運営されており，その形態は様々で，2019
年時点で全国に約3,700箇所あるとされている[26]。経済的な事情等の複雑な家
庭環境を抱えている子供達に栄養のある食事と居場所を提供することを主な
目的としており，国や自治体の支援[27]の他，民間からの寄附金により運営さ
れている。子供食堂の良さは，各地域の実情に応じてフィージビリティを確
保しながら柔軟に運営されている点にあるが，今後GIGAスクール構想が目
指す「1人1台端末」が実現していくにつれ，学校外での学習活動の意義が
変わっていくだろうし，その重要性も増していくであろうことを考えると，
子供食堂のような形で困難な環境にある子供達の学習活動の場が増えていく
ことが期待される。

2. 学校内組織の専門分業化

　次に学校内組織の専門分業化である。フランスと日本では，学校の守備範

囲や学校経営に対する考え方が大きく異なる。フランスにおける学校長は学校経営のプロとして特別の資格が求められるものの，教壇に立って教科指導を行えるわけではない。児童生徒に授業を行うためには，また別の資格を取得する必要がある。すなわち，学校のマネジメントと教員の行う授業は分けて考えられている。一方で日本では，いわゆる民間人校長などは除き，教員が経験を重ね，選考試験を経て教頭や校長に昇進していくのが一般的である。どちらの方が良いかは一概に言えないし，文化的・社会的な背景はもちろんのこと，教員給与や人事等に関する制度も両国では大きく異なるため，単純な比較は不可能であるが，目指すべき人材像は日仏で異なることはない。両国ともに目標として掲げているデジタル教育の推進という観点からは，次のような専門人材の在り方について検討するのも一案であろう。

（1）ICT教育専門人材の資格化

　1つはICT教育に係る専門的な知識・技術を有するICT教育専門人材資格の創設である（仮に「ICT教育コーディネーター」とする）。ICT教育を行うに当たっては，デジタル教材の特性を理解し，学習活動における効果的な活用方法についての専門的な知見や，各種デバイスやソフトウェア等についての技術的知見も必要となる。

　特にICT教育のデメリットの1つに，デバイスやソフトウェアのトラブルが発生すると直ちに学習活動に支障が生じてしまう点が挙げられる。日本ではこうした課題に対応するため，先に紹介したGIGAスクール構想において2022年度までにICT支援員を4校に1人程度配置することを目指しているが，専門性の高い能力が求められるトラブルへの対応はともかく，日常的に生じ得る軽微なトラブルには教員自身が対応できるようにしておく必要がある。また，4校に1人の配置では，実際にトラブルが発生した時に即応できない可能性もある。そこで，国が，効果的なICT教育を実践するに当たって必要となる教学面でのスキルと，デバイスやソフトウェアの活用に必要となる技術的なスキルの内容を明確にするとともに，当該スキルを習得するためのコースを創設し，コースを修了し試験に合格した者にはICT教育専門人材に係

る資格を付与することを検討すべきである。もちろん，有資格者は待遇面で優遇する必要がある。教員免許を有していない者も当該資格をとれるようにしておけば，特別免許状制度[28]の利用を通じて民間企業で活躍している多くの人材を学校教育の現場で活用しやすくなる。また，後述するように，民間企業と学校がICT教育の質向上に向けて連携する際にも，民間企業の人材が同じ資格を有していれば，より円滑かつ効果的な連携が可能となろう。フランスの場合には教員は国家公務員であり，制度的にも国民教育省主導による人材育成が可能であるが，日本の場合には公立学校の教員は地方公務員であり，教員の専門的スキルの育成には各地方教育委員会の研修に頼ることになってしまい，現状でも課題とされている地方間格差の解消ができない。学校教育現場における人材の流動性確保という観点からも，専門的スキルを国主導で整理，明確化し，さらには資格化することを提案したい[29]。

(2) 生徒指導専任教諭の配置

　もう1つ言及しておきたいのが，「生徒指導専任教諭」や「児童指導担当教諭」といった専門人材の配置である。このモデルは日本の横浜市にある[30]。学校ではいじめや不登校，暴力行為が発生しているほか発達障害の子供達や日本語を母国語としない外国人の子供達が増えており，もはや通常の授業を担当しながら複雑化・困難化する課題に対応することは不可能である。そのため，通常の授業時数を大幅に減らした上で，専門的な研修等を受けつつ，これらの課題に対し専門的に対応する教員を学校内に配置するというものである。担当する授業時数を大幅に減らすことから，その分の授業を担当する教員を別途確保する必要はあるが，生徒指導に係る専任教員を配置することで，学校内での情報共有の円滑化が図られるほか，学校窓口の一元化による警察や福祉関係機関等との連携も効果的に行うことが可能となり，結果として子供達が落ち着いて学べる学校の環境づくりに大きく貢献することになる。どんなに質の高い教育を提供したところで，また，「認知スキル」や「社会スキル」を身に付けさせようとしても，学校の環境が荒れていればその教育効果は減殺される。したがって，生徒指導は教科指導と同じくらい，ある

いはそれ以上に重要であると言える。このように，質の高い生徒指導体制の整備のためには，児童支援や生徒指導を専門に行う教員を各学校に配置していく必要がある。

3. データ共有と外部リソースの積極活用

中間まとめにおいては，「2020年代を通じて実現すべき「令和の日本型学校教育」の姿」としていくつかの提案がなされているが，その中で，先に触れた「個別最適な学び」に関し，「これからの学校においては，「個別最適な学び」を進めるため，……（略）……教師が学習履歴（スタディ・ログ）や生徒指導上のデータ，健康診断情報等をICTの活用により蓄積・分析・利活用しつつ，児童生徒の興味・関心や悩みなどを丁寧に見取り，個々の状況を踏まえて指導すること……（略）……が期待される」との記述がある。ここで重要なのは，子供達の情報を蓄積し，分析し，利活用する主体は誰かという点と，情報管理を適切に行うにはどのようにすべきか，という点である。

「個別最適な学び」の理念に基づくのであれば，学習履歴の活用主体は学校教育機関に限られるべきではないであろう。中間まとめの提言は注目に値するが，しかしその実現は言うほど簡単ではない。教科指導1つをとっても，専門的なノウハウを持たない教育行政機関や学校だけで学習データを記録，分析し，効果的に活用することは，現実問題として不可能である。そのため，AIやデジタルデータの活用に秀でた民間企業と子供達の学習履歴を共有しつつ，学校と民間企業が協働して学校「内外」の教育活動をパッケージとして子供達に提供することを検討するべきである。学校と民間企業がシームレスに連携するには，児童生徒の個々の学習履歴を双方がフル活用する必要がある。個々の児童生徒の学習履歴などを民間企業に提供することには抵抗があるかもしれないが，民間企業としても，個人情報の管理を適切に行うとともに，外部からのデータハッキングに備えることは，市場における信用確保という観点から，学校等と同様厳しく求められることになる。また，蓄積された情報を「いつまで」履歴として残し続けるのかという点も考慮する必要がある。筆者の時代の成績管理は紙の「成績表」によるアナログでの管理で

あり，恥ずかしい成績も過去のものとして片付けることが可能だが，詳細な成績履歴や学習履歴がデジタル情報として残り続け，成人した後もその情報が社会に晒される危険性は排除しておく必要があろう。

Ⅴ　おわりに

　以上，ポスト・コロナと教育という視点から，筆者が考える今後の初等中等教育の改革案を（表層的にではあるが）いくつか紹介した。紙幅の関係で高等教育段階については言及していないが，コロナの感染拡大に伴い，政治的，経済的にますます混迷の度を深めている今日の社会を見るにつけ，高等教育段階におけるリベラル・アーツの重要性について再考すべき時期に来ていると考える。世界的に活躍しているグローバル人材は，修士課程に進学した上で専門性を身に付け，グローバル企業や国際的な機関・団体で働くというキャリア形成が一般化しているが，学士課程の段階ではダブルディグリーの取得を目指すなど，分野横断的な学習を行うことが専門性を身に付ける際の強みにつながっている。問題が複雑化・多様化すればするほど，複層的で多角的な視点や思考が求められるのであって，こうした力を養うには，やはり大学入学後の若い時期になるべく広範な分野について学び，興味を抱くことが必要である。

　日本の場合，日本語という特殊な言語によって形成されている労働市場があるため，日本の大学を卒業して新卒一括採用システムに乗るというキャリアパスが未だ存在しているが，「人生100年時代[31]」と言われている今日，これまでのような硬直的なシステムの中でのキャリア形成は早晩通用しなくなるであろう。また，そもそも日本型システムそのものがいつまで続くかわからない。日本人にとっても海外企業でのキャリア形成がより一般化するであろうし，また日本で働くにしても海外マーケットとのコミュニケーションは必須である。そうなると，個人の資質能力の見える化と国際化が必要になってくるが，その際の有効な手立てが，「国家資格フレームワーク（National Qualifications Framework：NQF）」である。NQFは，国家が大学の学位や

専門的な資格について段階的にレベル分けを行い，それぞれのレベルに応じて国家がスキルを公的に認定する仕組みであり，ヨーロッパの他オーストラリアが特に熱心に取り組んでいる[32]。オーストラリアの場合，海外からの留学生の確保が輸出産業として大きなウェイトを占めており，NQFの世界的展開に積極的であるが，若年層の大幅な人口減少に直面している日本にとっても海外からの優秀な留学生確保は重要な課題であり，NQFの整備と国際的な高等教育人材のマーケットに戦略的にアプローチしていく必要があろう。

　コロナ危機をきっかけに教育界における改革もそのスピードが増しているように思われる。このピンチをチャンスに変えるには，改革が「できない理由」に固執するのではなく，思い切った発想の転換と大胆な行動が求められよう。

注

1　https://www.mri.co.jp/knowledge/insight/ecooutlook/2020/20200714.html
2　同発表においては，市民生活の面での新たな潮流として「ポストコロナでは，働き方や暮らし方の重心が都心から郊外，地方へとシフトする動きがみられるとともに，自治体や市民が地元企業を巻き込み，地域経営の自立化が進む可能性がある」としている。
3　https://travail-emploi.gouv.fr/actualites/l-actualite-du-ministere/article/teletravail-resultats-d-une-etude-sur-l-activite-professionnelle-des-francais
　調査報告のまとめ（PDF）はhttps://travail-emploi.gouv.fr/IMG/pdf/rapportharris_activite-professionnelle-des-francais-pendant-le-confinement.pdf
4　「新型コロナウイルス感染症の影響下における生活意識・行動の変化に関する調査」（令和2年6月21日）https://www5.cao.go.jp/keizai2/manzoku/pdf/shiryo2.pdf
5　昇天祭の休日をいい，2020年は5月21日が休日とされた。
6　https://www.cned.fr
7　https://www.cned.fr/maclassealamaison
8　https://www.mext.go.jp/content/202002228-mxt_kouhou01-000004520_1.pdf
9　https://www.nishinippon.co.jp/item/o/587844/
10　https://www.mext.go.jp/content/20200421-mxt_kouhou01-000006590_1.pdf
11　学校の設置者である教育委員会が独自に作成した授業動画を活用した家庭学習を除く。
12　「新型コロナウイルス感染症の影響下における生活意識・行動の変化に関する調査」（令和2年6月21日）https://www5.cao.go.jp/keizai2/manzoku/pdf/shiryo2.pdf. ここで引用している調査に係る質問は，「あなたの子供のうち，小学生以上で一番年齢の低い子供について回答して下さい。今回の感染症の影響下において，あなたの子供が経験した教育を全て回答してください。」というものである。

13　https://www.mext.go.jp/content/20201007-mxt_syoto02-000010320_2.pdf, 本文 5 頁

14　http://www.oecd.org/pisa/35070367.pdf

15　https://www.mext.go.jp/b_menu/shingi/chukyo/chukyo3/004/siryo/__icsFiles/afieldfi
le/2015/09/04/1361407_2_3.pdf. 文部科学省はさらに，①の能力を「A言語，シンボル，テ
クストを相互作用的に活用する能力」「B知識や情報を相互作用的に活用する能力」「Cテ
クノロジーを相互作用的に活用する能力」に，②の能力を「A他人と円滑に人間関係を構
築する能力」「B協調する能力」「C利害の対立を御し，解決する能力」に，③の能力を「A
大局的に行動する能力」「B人生設計や個人の計画を作り実行する能力」「C権利，利害，
責任，限界，ニーズを表明する能力」に分類して整理している。

16　http://www.atc21s.org. 4 領域・10のスキルとは，領域 1 「思考の方法」中の「①想像
力とイノベーション」「②批判的思考，問題解決，意思決定」「③学びの学習，メタ認知（認
知プロセスに関する知識）」，領域 2 「仕事の方法」中の「④コミュニケーション」「⑤コ
ラボレーション（チームワーク）」，領域 3 「仕事のツール」中の「⑥情報リテラシー」「⑦
情報通信技術に関するリテラシー（ICTリテラシー）」，領域 4 「社会生活」中の「⑧地域
と国際社会での市民性」「⑨人生とキャリア設計」「⑩個人と社会における責任（文化的差
異の認識及び受容力を含む）」のことを指す。

17　「育成すべき資質・能力を踏まえた教育目標・内容と評価の在り方に関する検討会—論
点整理—」（平成26年 3 月31日） 9 頁参照，https://www.mext.go.jp/component/b_menu/
shingi/toushin/__icsFiles/afieldfile/2014/07/22/1346335_02.pdf

18　サウジアラビア王国の国有石油会社。

19　https://www.180.co.jp/world_etf_adr/adr/ranking.htm

20　https://www.theexplorer.no/ja-jp/stories/technology/this-is-how-norway-puts-artificial-
intelligence-to-use/. ノルウェーの企業Scantrol Deep Vision社は，トロール漁船の漁獲支
援のために，AIを用いた画期的なツール（Deep Visionシステム）を開発し，海中カメラ
を用いて海中の魚群を特定し，船に引き上げなくてもその規模を測定できるようにした。
これにより，漁獲量が割当量に達したときには，漁を止めて混獲を減らすことが容易にで
きるようになる。引用元参照。

21　https://ainow.ai/2019/10/10/179565/

22　https://www.mext.go.jp/component/a_menu/other/detail/__icsFiles/afieldfi
le/2018/06/06/1405844_001.pdf

23　https://www.statista.com/chart/4140/low-diversity-of-languages-on-the-web-hinders-
accessability/

24　https://www.education.gouv.fr/les-etats-generaux-du-numerique-pour-l-
education-304117

25　https://pix.fr/enseignement-scolaire/

26　https://musubie.org/news/993/

27　国の支援としては，内閣府による「地域子供の未来応援交付金」や厚生労働省による「子
どもの生活・学習支援事業」がある。また農林水産省も「子供食堂と連携した地域におけ
る食育の推進」といった取り組みを行っている。

28　日本の特別免許状とは，教員免許状を持っていないが，優れた知識経験等を有する社会

人等を教員として迎え入れることにより，学校教育の多様化への対応や，その活性化を図るため，授与権者（都道府県教育委員会）の行う教育職員検定により学校種および教科ごとに授与する「教諭」の免許状をいう。

29 日本の場合，国家資格とは法律に基づくものであり，有資格者は知識や技術が一定水準以上にあることを国によって認定される仕組みとなっている。教員免許や弁護士など資格習得が業務遂行のための条件となっている「業務独占資格」の他，保育士などの有資格者だけが名乗ることができる「名称独占資格」などがある。筆者の提案しているICT教育専門人材に係る資格は，現行制度を前提とすれば「名称独占資格」に近いイメージとなろう。

30 横浜市の資料によると，児童支援・生徒指導専任教諭について，以下のような記述がある。
https://www.city.yokohama.lg.jp/kurashi/kosodate-kyoiku/kyoiku/plankoho/plan/sogokyoiku/h29.files/0008_20190221.pdf

- 児童支援専任教諭とは，横浜市の小学校における児童指導の中心的役割を担う教諭。特別支援教育コーディネーターを兼務する。横浜市独自の制度として小学校全校に配置。生徒指導専任教諭とは中学校における生徒指導を担う教諭。
- 専任教諭は，いじめをはじめとした問題行動への組織対応のコーディネート，他機関との連携，担任のサポート，保護者との連携，小学校においては特別支援教育コーディネーターとしての役割などを担っている。
- 担任を持たず広い視野で学校内を俯瞰できる立場として，いじめのみならず福祉的分野でも専任教諭の役割や期待はますます拡大。
- 児童支援専任教諭を配置するため，後補充している非常勤講師について常勤化を進め，現在，小学校90校で常勤職員を配置。
- 専任教諭が機動的に役割を果たすことができる環境づくりが課題。

31 池村訳（2016）。

32 https://www.aqf.edu.au/what-is-the-aqf

（上記URLはすべて2021年7月23日最終アクセス）

参考文献

リンダ・グラットン，アンドリュー・スコット著，池村千秋訳（2016）『LIFE SHIFT（ライフ・シフト）―100年時代の人生戦略』東洋経済新報社.

壹貫田 剛史

第10章 コロナ禍の情報リテラシーから見える国家と社会
―フランスを中心に―

Ⅰ　はじめに―マスク着用から外食禁止まで

　2020年3月17日。フランス国は第一弾のロックダウンに踏み切った。小中高大学は全て，遠隔授業に移行，生活必需品以外を取り扱う店は全て休業という前代未聞の事態に陥ったのだが，実は，その前週まで，政府内でも国民の間でも新型コロナの感染対策に関するコンセンサスは得られていなかった。この未知のウイルスに対し，専門家間でさえも意見が分かれ，ちょっとしたかぜに毛が生えたものという認識もかなり浸透していたためである。当時は他国ではいかなる対策を講じているのかと比較することもほとんどなく，フランス国内の情報や知識に基づいて，日本人から見たらソフトな感染防止キャンペーンを展開し始めた程度であったのである。と言ってもフランス人の多くにとっては意識革命であったに違いない。公衆衛生に無関心であった人間が極めて多い中，例えば大学のトイレでは，手洗いの大切さが謳われ，今まで石鹸さえ常備されていなかったところに，消毒液まで設置され，学生に至っては携帯する者も現れるようになった。

　ただ，最大の落ち度は当時マスク着用を義務付けなかったことである。病人のみマスク着用をするように言われていた。感染予防への確実な知識を一般人だけでなく，専門家も持ち合わせていなかったこと，そして国で備蓄していたマスクを過去に処理してしまい，マスクの絶対的不足による政治的失敗を隠蔽せざるを得なかったこと，この2点によりロックダウンという荒療治以外に感染拡大を食い止める効果的な手段が見つからなかったのである。

とは言っても，ロックダウンにつながった感染状況についての現実認識があやふやであったことから，1週間後の全国市長選は強行され，結果的に直後感染者を続出させてしまった。投票後に，近所の知り合いと長々世間話をするのが恒例で，本来なら和やかなひとときであるはずが，マスクなしの近距離の会話は感染を一気に拡大させた。

　その後数ヵ月で，マスクの必要性が明確に認識されるようになり，屋内そして人通りの多い場所ではマスク着用が義務付けられ，ほとんどの人がマスクを着用するようになった。マスクを付ける習慣が全くなかったフランス人が数ヵ月後装着を否応ながらでも普通にするようになったこと自体，注目するに値する。その上，2020年5月から外出禁止が解除されたが，10月末から翌年5月初めに至るまでレストラン等の営業が禁止され，外食が全くできなくなり，また当初は夜18時以降の外出は原則禁止であった。

　ただ，そのような非日常が1年以上続いたことで，その「日常化」が進行し，フランス社会そして地球の隅々までの日常に非可逆的な変化をもたらしたように感じる。現在進行形ではあるがそのような変化を提示してみたい。

Ⅱ　地球的規模での情報リテラシーの問題

　コロナ禍で顕在化したのは，広義の意味での，コロナに関する正しい情報をどのように獲得するかという問題であり，当初は混乱状態であったが紆余曲折を経て，この1年近く情報リテラシー問題として徐々に認識され，共有されてきた。フランスに限定された現象ではなく，広くヨーロッパそして日本やアメリカでもフェイクニュースや陰謀論などが席巻することにより，問題提起せざるを得ない状況にある。ただ，課題として意識されたのみで解決に向かい議論が尽くされたとは言えないのが現状である。

1. 海外発情報の報道―無関心から必須へ

　当初中国の武漢で，そしてアジアを中心に流行っているウイルスとして遠巻きから他人事のように感染拡大を傍観していたフランスのマスメディアも，

北部イタリアでの急激な感染拡大を目の当たりにしてから，海外での状況を報道するようになる。

　アジアのウイルスとして報道していた時，フランス国内ではアジア系に対する暴言や差別行動の第二次被害が引き起こされ問題視されたが，地元ヨーロッパが感染拡大中心地になると，この前代未聞の状況に対し徐々に，必要に駆られてではあるが海外の状況に関する情報が多量に発信されるようになった。今まで，例えば，テレビニュース番組ではフランス国内に関する，国内向けの情報が大半を占めていたのが，皮肉にもウイルスが「情報のグローバル化」に貢献するようになった。つまり，世界中で同一のトピックが同時に報道され，瞬時に情報が共有されるというメカニズムが作動したということである。このネット時代に地球規模での情報共有は当然のようにも受け止められるが以前はそうでもなかった。イギリスの欧州連合離脱がいくら世界的な余波は計り知れないとしても，日本人はこの件に関し当事者意識を持ちにくい。同様に，逆もまた然りである。しかし，コロナウイルス問題は今や地球の隅々に住む人間にとり身近な問題である。皆が当事者として直接関わっているから，様々な国でのコロナ関連の現状を広く報道するのはジャーナリストの義務でしかも見る側，読む側にとってもそのような情報提供はありがたく，相乗効果を生んでいる。

　結果的には，「情報のグローバル化」を体現するようになった新型コロナ問題であったが，この1年間政府の公式見解の在り方，マスメディアの報道の在り方，そしてその視聴者・読者の受け止め方のレベルで，様々な課題が俎上に上がった。現実認識形成の面と既存価値体系への挑戦という面で，課題が短期間に凝縮した形で浮上したのである。知識社会学における1つの興味深い事例と言えよう。

　上記のマスク着用に関しても，そのような衛生上の習慣がなかったフランスでは，矛盾する誤情報が政府そして国民全体を巻き込み，感染拡大に拍車をかけた結果，一層の拡大に歯止めをかけるには，3月17日発効の外出禁止令という強硬手段しか残っていなかったのである。当時は，大型外国クルーズ船内での感染により，日本の方が危機感が高まっており，スペインかぜを

再検証するなど，マスメディアにおいても有用な議論が展開されていた。手続き上の問題など賛否両論があった安倍首相の2月末の一斉休校措置で，良くも悪くも国民のコロナに対する意識は高まった。

　一方，同時期のフランスは，政府もジャーナリズムも海外情報を積極的に活用し，政策決定に反映させようという姿勢に欠けていた。フランスの医学権威でさえ，様々な国の体験を収集し分析することはせず，従来の医学常識に固執したため，外出禁止令以前にマスクを中心とした積極的な予防策を講じることができなかった。病人以外のマスク着用を推奨せず，接触感染を主に念頭に置いていたため，1週間後に実施された市町村選挙の際投票場で仕事をしていた人そして投票人の中に感染者が続出してしまった。既にこの時点で，空気感染の可能性が日本をはじめとして海外では大きく報じられていたのだが，フランスや他のヨーロッパ諸国では接触感染予防を中心に据え置き，人と人の間隔を保つ以外には空気感染予防に関して具体的措置はとられなかったのである。

　ただ，少し前から海外からの正確な情報を持ち合わせていた，大学や研究所の研究者らは，他国で実施されている実験結果などを基に政策形成の材料とするよう各方面に働きかけていた。

　欧州連合加盟国同士の足並みを揃えることから始まり，自国の政策決定をするには，事前に他国の政策，感染状況を検討するのが必須であるというコンセンサスが政府内でも国民の間でも次第に醸成されてきたと言えよう。

2.「他者認識」―翻訳や状況認識による齟齬

　他国発の新型コロナ情報を自国民に伝達することに関して，多くの人々がその必要性を感じるようになったのだが，その情報は正確に伝わったのだろうか。アジア各国におけるマスク着用は，新型コロナウイルス感染拡大以前は大気汚染のせいだと説明してきたフランスのマスコミが多かったのだが，コロナという共通の敵を前に咳エチケットも含めた公衆衛生という，マスク着用の真の意味を理解するに至ったというのは思いがけない収穫であった。そして，このように他国での感染対策を参考にし，社会全体で情報共有の重

要性を認識できたのはより大きな収穫である。

　とはいえ，海外情報の報道には伝える主要テーマを直訳したり，文脈の説明を怠ったりすることによる誤解が往々にして生じる。

　例えば，日本で実施された第一回「緊急事態」宣言はフランスではほとんど全ての報道機関で "état d'urgence" と仏訳されたのだが，その際はフランスでもその法律上文言が変容してきたということを知らなかった人が多く，日本ではフランスよりも厳格なロックダウンが敷かれているという印象を受けた人が多かった。全国において，原則として外出禁止で，遵守しない場合は罰則規定の適用，食料を扱っている店以外は全て休業，外食施設・文化施設も全面的に休業といったイメージであった。実際は，自粛や同調圧力をベースにしているためフランスなどのヨーロッパ諸国と比し，格段に緩い措置であったが補足説明なしに "état d'urgence" と訳すとかえって誤解を招く例である。

　日本における国際報道は，コロナ騒動により全体的にはやや増えているようだが，特派員が健闘していてもやはり国内情報がメインになっており，NHKのテレビニュースでは分業体制が敷かれているようで，国際報道を中心に視聴したい場合はNHK衛星放送番組を利用することになる。新型コロナウイルスに関しては，主要国の感染状況が特に各国のニュース番組のダイジェスト版で放映される一方，他国における日本人や日本のような体裁で報道される場合が多い。

　結局，自分が知りたい他国に関する情報はインターネット上で調べたり，SNSで入ってくる情報に依存したりすることになる。いかに正確な情報を入手するか，どのように現実を認識するか，「事実」をいかなるプロセスで構成させていくかなど，玉石混淆の情報が氾濫する中で，一般に情報の真偽を見極めるのは至難の業である。我々，人文社会科学研究者が，一次資料，二次資料を丁寧に分析しながらやっと獲得できるプロセスを同様に一般の方々に課すのは酷と言えよう。しかしながら，一般人であっても情報を峻別する能力を1人ひとり磨いていかないと情報氾濫にたやすく溺れてしまう。

　フランスにおいても然りである。どうしても本国に関する情報が中心にな

り，他国に関する情報は，国際情勢の重要性に従い取り上げられるため，隣国のベルギーに関してでさえも限定的に扱われる。しかしながら，コロナ禍という不透明な状況下において，日本と同様，ワクチンの供給はどうなっているのか，ロックダウン解除は行われているのかなどの国際比較を実施することにより，自国の政策が状況に適しているかどうかを判断する材料を提供するように変わりつつある。

いずれにしても，他者を認識しようとすることと自己を認識しようという試みは密接に結びつき，連動している。他国の状況と積極的に比較するようになったのは自国のコロナ関連政策を客観視できるようになったということである。

ただし，ここで注意しておきたいことが2点ある。1つは，いかに理由がもっともであったとしても，各国で政府の政策決定，施行が結果として後手後手になり，歯切れの悪さが目立つようになったことである。最大の理由は，科学的事実の解明には一定の時間が必要であり，そのような事実に基づき，政策を実施している多くの政府は人々が日に日に募らせている大きな不安に十分に応えることが難しいことだ。ワクチン接種1つをとっても，その副反応など科学的に全容がまだ解明されていないことにより，政策決定の遅れや方向転換等が頻繁に起こっている。そのような慎重さは必要不可欠ではあるのだが，一部の一般市民の間では，そのような政府の在り方が不安を増幅させているのである。もう1つは，そのような不安を解消するためか，日本，フランス，アメリカなど様々な国で非合理，非科学的な情報に依存してしまう人達がかなり出て来たということである。ツイッターやフェイスブックでの誤情報に惑わされてしまうのである。政府自体が，科学的検証の内容により，1つひとつの政策を時には変更せざるを得なくなり，そのように適応してくれるのは実はプラグマティックで社会の利益に合致しているのだが，一方でそのようなメッセージに慣れていない者達はただただ不安に陥ってしまう。そのようなデマに煽られやすい人々が，時には社会問題を起こすこともある。

3. コロナへの不安から現実逃避へ—現実認識の困難による感情論の暴走

　現実の出来事をどのように認識するかという問題は基本的には各人の認知レベルの事項ではあるが，情報伝達の在り方，そして内容によっても各人の認識は大きく左右される。コロナ禍の共通した集団心理状況として，終息が見通せないことによる不安がある。もちろん，程度やその内実は様々で，巣ごもり生活を楽しめるように自分を仕向けられる人や，一方で，芥川龍之介のような「唯ぼんやりした不安」を感じながら実は絶望感に打ちひしがれている人，または不安を払拭するためにかえって三密を避けたりせず，今を楽しもうとする人などいろいろな反応が見られた。

　コロナ以前から，日本とアメリカ，そしてフランスの間では，現実を悲観視する人達と楽観視する人達との割合が異なっているという説があり，日本人には「不安遺伝子」を持っている人の割合がアメリカ人と比べ，極めて多いのだという[1]。不安を感じる要素をなくすため，なるべく先手を打つ，備えあれば憂いなしと予防的処置を講じることに関し，コンセンサスがとれていると言ってよい。遺伝要因説は確かに新鮮で興味深いのだが，実際，現在のフランスでは社会化の過程でも，現実を現実として受け止めることが心理的ダメージにつながってしまうという考えが有力であり，現実をそのまま伝えることを回避する傾向が様々な分野で顕著である。そのため，日本であれば，問題であると認識しその解決を探るという方向性が，フランスでは採用されない場合が多く，そのため結果的に現実逃避し，楽観的に構えることができるということになる。

　コロナに関して言えば，近所に必ずアンチマスク派がいる。老若男女，貧富の差などとは関係ないようである。自分は絶対に感染しない，感染しても大したことにはならないと確たる根拠もなく信じていることが共通している。多くの都市部ではマスク着用が条例で義務付けられていたとしても，そして感染者数が毎日5万人を超過したとしても，現実がどうであれ，したいことをするという心情である。そういう人達に限って，禁止されているのにもかかわらず，悪びれる様子も全くなく，屋内で多人数の会食を定期的に開催，参加しているのである。2020年10月末以降，少なくとも翌年5月の初めまで

フランスでは外食禁止となっている。

　難しい問題である。人間の社会生活において，家族や友達との会食やコンサート，観劇，イベントなどの文化活動の参加は，毎日の日々を豊かにする心の糧であるが，その活動が感染拡大源であることが明白でしかも法律等で禁止されている場合においても，陰で敢行するということはどのように解釈すべきか。

　現実逃避というのは，悪いことばかりではない。現実の厳しさに押しつぶされないためにも，ストレス解消として，心の余裕を持つためにも，現実との間に1クッション置くことにより，毎日を楽しく過ごすことができるようになる。日本では，様々なサブカルチャーに趣味として時間を費やすことは正統な週末の過ごし方であるが，日曜，祝日には店が閉まっているフランスでは，1人で趣味に没頭するより，個人の家で家族，親戚や友達と会食しながら，半日を過ごすことがお決まりの週末の過ごし方である。また，かなりの人々にとって，仕事は必要悪で，日曜祝日や長期休暇に家族や知り合いと過ごすのを楽しみにしており，そのように和やかな，楽しい時間を過ごすことが精神衛生にとっても良いと言えるかもしれない。端的に言えば，自殺行為への防波堤となっているとも言える。

　ただ，公衆衛生という点からコロナ禍において，多人数の会食を屋内で実施することは反社会的行為で，実際法律に反する。取り締まりを強化すれば検挙数は膨大な数にのぼるはずだが，あえてそのようにしないのは，アンチマスク派やコロナ以前と同じ生活を送るのが重要と考えている層の影響力が無視できないからであろう。

　平常時においても，人と接したり，会食をすることが精神衛生上大切であるし，人によっては唯一の楽しみでもある。確かに，隣国のベルギーやオランダ，そして日本にもある程度該当するが，筆者の住むフランスでは，普段から真面目に問題解決法を探るために，仕事時間を費やし，ややこしい事柄に悩むより，基本的に利那主義，快楽主義，または自分の気持ちに正直になるのが大切だと考える人々が少なからずいる。正しい現実認識に基づき，現状を地道に改善していくというスタンスは必ずしも共有されていないため，

問題は解決されず長期休暇に突入，嫌なことは忘れ，職場に戻るが問題は未解決のまま，新たに休暇まで我慢するというパターンである。そういう層は現実に見合った行動をとることには興味がなく，自分のしたいことをするという自由を標榜する人々である。したいことをするために現実認識に歪みが出てしまう。この姿勢は世論のレベルだけでなく，政権担当，立案担当のレベルでもそのような傾向が見られ，突拍子もない政策を思いつき，真の解決の糸口にはならない場合もよくある。

Ⅲ　既存価値体系に対する挑戦—政権と市民

　2020年はコロナ感染拡大が地球規模で進行していく中，正確な情報を把握するために海外比較をすることの重要性をマスメディアも再認識した年だが，比較の使われ方や伝え方に多大な問題点を残してきた。マスメディアが正確に情報を伝えようとしても，いくら中立性を保とうとしても，限られた時間では一部の情報，そして事実の一面しか伝えられないことが往々にしてある。一方で，コロナ禍により孤立し，心理的に不安定になる人々が増えてきた。その中で，信憑性とは無関係に，ネット上の雑多な情報に依存し，その情報を鵜呑みにして信じてしまう人達も続出した。この現象は国境を越え，日本で話題になっているが，特にアメリカで，そしてフランスでもある程度見受けられる。SNS情報という新しいメディアにより，誰もが情報発信できるようになった反面，内容の真偽はチェックができなくなり，フェイクニュースが出回るようになった。

　前代未聞のコロナ禍の中で，情報が交錯する中，各国政府の対応策も感染状況とその解釈によりずれが出てきている。先行きの見えないことによる不安が，政権と市民の関係，民主主義を再定義する試み，そして民主主義と政策決定の在り方に新たな展開を促している。

1. 反権威主義の台頭—マスメディア不信，そしてSNS依存

　2020年は，米大統領選の年で，特にアメリカと日本では，トランプ陣営を

熱狂的に支持する人々が，極右運動と評されるＱアノンの陰謀説を唱え，全くの根拠なしにバイデン陣営が選挙不正を行ったという情報をSNS上で広く拡散した。実際，日本ではかなり影響力があったことが調査でわかっている[2]。2020年12月，筆者は日本にいたのだが，当時日本の平均的SNSユーザーが，そのようなツイート情報に触れる機会が多かったのに驚いていた。フランスにおけるニュース番組や大手新聞などのマスメディアにおいて，反トランプ論調が当然のように報道されていたのに対し，日本の報道番組では，一部を除き，中立姿勢を基本的に崩していなかった。そのような姿勢自体に全く問題はないのだが，このことは結果として情報の受け手にトランプ大統領も１つの選択肢として考慮できる可能性を示した。または，そのような中立的姿勢が，かえって情報隠蔽をしているのではないかという疑念の眼を大手マスメディアに向けることになってしまった。

　この点に関して，フランスの報道において，偏向があったという批判はできるが，トランプ陣営を応援する余地はほとんどなかったと言える。そのような文脈で，フランスで両陣営がSNS上で議論を巻き起こすことはなかった。

　だからと言って，フランスで同様の流れが全くなかったということではない。一部でＱアノンや陰謀論に賛同する人々が水面下でつながっていたことがわかっている。そのことが明らかになった事件を１つ紹介しよう。

　2021年４月に，フランスのヴォージュ県において８歳少女誘拐事件があった。数日後に実母とともにスイスで発見され，保護されたのだが，誘拐を依頼したのは少女の実母で，事件当時は，少女は祖母（実母の母）と一緒に暮らしていた[3]。と言うのも，少年裁判官（日本では児童相談所や市町村の担当）の判断で児童保護の観点から，祖母の家に一時預けられることになったからである。現時点の調べで，母親は徐々にネットを通じて，陰謀論の主張に染まっていったということが明らかになった。拒食症になり，公共機関との全ての連絡を断ち，自分の娘の通学を拒否し，住まいを引き払うという行動に出たのである。祖母は，そのような母親の元にいる自分の孫が危険な状態にあるとして，当局に通報した。

　母親の主張は，Ｑアノンのそれと非常に似通っている。すなわち，以下の，

明らかな誤情報を信じ込んでいる。①政治家や政治高官の「エリート」は児童売春組織，悪魔崇拝結社のメンバーで，彼らにより世界が牛耳られている。②コロナワクチンに入っているマイクロチップにより監視されている。③5Gが新型コロナの感染を加速させている。④児童売春組織に送り込むために，児童の大量誘拐が行われている[4]。

　加えて，興味深いのは，母親はフランスで2018年11月から開始された黄色いベスト運動（ジレ・ジョーヌ）に積極的に参加していた点である[5]。この運動は，フランスでは極左運動のイメージが強いのだが，実は，極右運動にも通じる性格があり，基本的に反エスタブリッシュメント運動だということを改めて認識する。実際，黄色いベスト運動のメンバーは，いかなる権威，指導者も認めないというアナーキスト的心性を共通基盤に持っている。一連の緊縮政策により増幅された，深刻な経済格差問題による生活苦に対する激しい抗議であるが，その格差は一部の指導層の陰謀により増大していったという陰謀論につながっていく道筋がある。ちなみに，黄色いベスト運動の全国的広がりにもSNSが大いに貢献したことは付言したい。

　フランスの場合，カルト集団が非合法化され，国の監視対象となるため[6]，国や地方の行政や司法による摘発が頻繁にある。国や地方の介入により，カルト集団運動の拡大を制止する一面は確かにあるが，このインターネット時代において効果は限定的になりつつある。

　また，摘発すればするほど，逆説的にネット上で結束が固くなり，社会全体から孤立化していく傾向がよく見られる。バーチャルな支援や賛同ではあるが，コロナ下で外出制限がなされるとネットでしか社会とのつながりができなくなる人々が増え，余計に現実の結束行為と同等視しがちである。この母親の場合は，陰謀論賛同者グループメンバーが誘拐行為をネット上で後押ししてくれたことで，一線を越えたのだった。

　この母親のケースは，生活苦に対する抗議から指導者層を目の敵にする黄色いベスト運動に賛同するようになり，そこに通底していた反エスタブリッシュメント，反グローバルの流れとそれを代弁し，抗議するフランス，スイス，ベルギーの陰謀論者が展開するネット上の運動に連動していったことが

わかる[7]。母親の誘拐依頼先はマレーシア在住のフランス人レミ・ダイエと言われているが真相はまだわからない。5月末，マレーシア当局により逮捕され，フランス側に引き渡されてから，2021年7月現在ナンシー控訴裁判所により勾留延長の決定が下された。この人物は元オート・ガロンヌ県MoDem党（中道政党）会長であったが，2010年に党から除名され「フランス共和国政府を打倒するためのアピール」のリーダーとして，ネットを通じ，フランス人に呼びかけている。他の陰謀論者と同様，マスク着用，ワクチン接種，外出禁止，そして5Gに反対している。

　コロナの終息が定かではない現時点では不安は尽きない。対面で人と接触することも極力避けなければならない。不安が増幅する中，現在の窮状は自分のせいではなく，指導者層のせいであると主張する陰謀論は二者択一で，善悪が図式化され，自分が「善」の空間にいる限り，安堵できるのである。ネット上で自分が気に入った情報のみを読み，SNSでは自分に賛同する人達とだけ交流することで承認欲求も満たされ，心地よさを感じる人もいるのではないだろうか。

　フランス，日本，アメリカのコロナ後はどうなるであろうか。コロナ禍により明らかに誤情報である陰謀論が加速拡散したのは確かだが，いくら高い情報リテラシー能力があったとしても，現状に大きな不満を抱え，理不尽であると信じ込んでいる一部の人々は「真実」に興味を持たない。情報リテラシー力を高くすることによって逆「覚醒」する人もいるだろうが[8]，既にフランスで経済格差，教育格差により実際不利益を受けている人々の生活は，コロナ禍により一層悪化している。自分を代弁し，抗議してくれるポピュリズム政党や陰謀論を掲げた過激な政党に，左右を問わず，多くが投票することになりそうである。

2. 科学と民主主義―国家による「自由」の制限

　「エリート」という言葉はフランス語のéliteに由来するが，現在のフランスで「エリート主義」（élitisme）という言葉を平気で使用すれば非難の的になる可能性が高い。日本語では能力主義と同義に使われることがよくあるの

だが，フランスではエリート主義と言えば，様々なエリートに統治されることをよしとする概念で，そのような社会の在り方に賛成しない人が増えているのか，いつの間にか否定的なニュアンスを含むようになった。通常，巷で使われる，この表現のイメージとしては，エリートがエリートのために，エリートの都合に合わせて社会を作ることを良いとする考え方である。現在の民主主義社会において，当然賛同を得られない主義であろう。

（1）国家と社会—高等教育の例

　フランスにおける，国家と社会の関係を説明する上で，高等教育の例を取り上げてみよう（制度の詳細は9章Ⅱ節参照）。

　インターネットの普及で，エリートが支配する国の様子が徐々に知れ渡るようになり，多くのフランス人が高等教育では大学の他にグランゼコールがあることがおぼろげにわかるようになったが，現在でも一体どのようにグランゼコールに入学できるのか知っている人はどれだけいるだろうか。筆者においては，工業系・商業系のグランゼコールに関しては全くお手上げである。入学に関する情報公開の面で機会平等が与えられていないのは明らかである。

　一方，大学に関してはほとんど国立大学であることから，「公共教育機関」と定義されており，原則としてバカロレアを持っていればどのバカロレアでも，皆，大学に入学できるし，入学できる権利があるとされる。バカロレアの内実が事実上，高校卒業証書のそれに次第に移行していくに従い，大学進学率が異常に高まり，定員を設けなければ全員の学生を収容できなくなった。

　試行錯誤の末，パルクールシュップ（parcoursup）という入学申請システムを高等教育省が短期間に考案し，現在，原則として私立の高等機関も含め全ての高等教育機関がこれにより，マッチング結果を出す義務がある。この，事実上の選考システムは，客観的に言って，不公平極まりないアルゴリズムを採用している。高校での通常の成績を元に計算されるのだが，当然，採点基準が教員により，高校により異なる。しかし，その非常に重要な点は全く考慮されず，順位が決定する。よって，様々な弊害が出てくる。例えば，ある教員は自分の生徒が合格するよう，全員に満点を付け入学できるように

する。留学したため，高校3年生の成績が一部もしくは全部なかった場合，非常に不利な扱いになる等，枚挙にいとまがないのだが，そのような問題点は公にしていない。いずれにしても，客観的基準を元に結果を出していないのだが，国家が作り上げたものなので，文句は何度でも言えるがいくら理不尽でも覆すことは，政権交代でもない限り，極めて難しいと言えよう[9]。

(2) コロナ下での私的・公的領域における国家と個人の自由

　このように，誰が見ても不合理だとわかっていても，政府が一方的に決定したことにまずは従わないといけないという暗黙の了解がある。それが，国家と国民の基本的な関係である。このような関係に反発していたのが，一部の黄色いベスト運動のメンバーであったことも確かである。経済的に困窮すればするほど，セーフティネットとして様々な手当や生活保護がパッケージとして支給されると同時に，そのことは国家に完全に依存しなければ生きていけず，経済的・精神的自立はほとんど不可能になってしまうことを意味する。国家からの生活保護を受けるのなら，就職は非常に難しくなり，一生，最低限の衣食住に甘んじた生活を送ることになる。そのような国家からの軛（くびき）から解放されたいと，例えば，上述の，実子を誘拐した母親は証言している。このように国家の依存から解放され，自由を謳歌したい人々がいる。

　一方，大半は，国家の介入と引き換えに，それ以外の領域では法律で禁じられない限り，自由を享受する権利を各人が持っていると考えるため，自由に対する制限には皆，大変敏感である。

　そのような自由を尊重する土壌では，「マスク着用が感染を効果的に防止する」ということが科学的に証明され，マスクは自分だけでなく他人をも感染から守るということが頭でわかっていても，マスクは付けるのも付けないのも個人の自由と思い，ごく少数ではあるがアンチマスク派としてマスクを付けない人がいる。レストラン入店時等のワクチン接種提示義務に対して一部の市民は反発しているが，同様の流れと言えよう。

　感染防止という科学的な要請が，民主主義原則で最も重要な「自由」の観

念を変えているのだろうか。コロナ状況以前は公衆衛生という考え方が皆無に近かったのだが，今回のコロナの１年を振り返ると，無制限的な自由の観念が，公衆衛生の面からは正当に制限されてもいいと一部のフランス人は思うようになったことがわかる。ワクチンについて，進んで接種を受ける人，インフルエンザワクチンは拒否していたがコロナワクチンは受けるという人，いやワクチンなので依然拒否し続ける人がいるが，結局接種することにした人が増えたのは，公衆衛生という公共の利益を自分の自由の感覚より優先したと言える。確かに，その中にはワクチンをすれば，コロナ前のように，思う存分自由を謳歌できるので，ワクチンは必要悪であると考えた人は少なくないであろう。科学的に公共利益に通じる政策や措置であれば，フランスのような自由という価値を最重視する国においても例外的な自由の制限を承諾する民意が醸成されてきたと言えよう。

　そのような中，2020年に２回発令されたフランスの緊急事態宣言の機に乗じて，常時ならば不可能である改革を，政府がトップダウンで強引に進めていることも言及に値する。象徴的な出来事として挙げられるのはENAの廃校宣言である。2022年に大統領選を控え，特権階級のための政府というイメージを払拭すべく，マクロン大統領は2021年４月にENA（フランス国立行政学院）の廃校を宣言した。政財界の指導者を送り出してきた教育機関で，今まで功罪は指摘されてきたが，世論調査や委員会での議論を通さず，まさに青天の霹靂の決定であった。「エリート主義」に幻滅している国民に対してアピールしたわけだが，決定の是非はどうあれ，奇しくも「エリート主義」を地で行く独断となった。名前が変わるだけで，形を変えて行政学院が存続するという話もあるが，いずれにしても，その独断性についてマスコミの中でもほとんど反応がないのは，フランスにおける国家と社会の関係を端的に物語る。

　筆者の職場である高等教育機関においても，上述の，入学申請システムの不透明さに加え，学生数急増に対応するため，高等教育大臣から来年度（2021年９月以降）はオンライン大学を国内に49拠点設立するということがインタビューという形で明らかになった。正に，動員されるかもしれない，当事者

の大学教員にとっては寝耳に水であった。コロナ禍のため評価を上乗せするよう通達があったため，2020年のバカロレア取得率は高校三年生全体の96％と急上昇し，その学生の大半が大学入学希望をした結果，全国において収容可能人数を大幅にオーバーしたのである[10]。大学入試試験による選考は，フランスではタブーであるがゆえ，原則として全員を受け入れないといけない。ただし，新設大学の設置予算は，人件費も含め捻出できないため，オンラインキャンパスにしたというわけである。この件に関しても，コロナ緊急事態宣言の中で政府が押し切った形で既成事実になったが，マスコミで取り上げられていないこともあり，公の話題にならなかった。

　外出制限措置に対しては，行動の自由の制限であると即時に反感を示す国民が各層にわたり存在する一方，教育行政等の行政の長である大統領や大臣が行使する裁量権に関しては国民やマスメディアが公に問題視し，政策決定に向け丁寧に議論に参加できない，もしくは関心がないことでチェック機能が働いていない。一時の自由の制限は我慢できるが，あくまでも各自自由を享受し，好きなことをすることだけに執着しているため，自粛を嫌い，本来は警戒すべき政府の采配に託してしまう。お上任せで，一種の快楽主義に浸っている国民が少なからずいる場合，社会における問題の所在さえもわからず，問題解決に国民として参加できるという自覚がない。しかも，国家は国民に議論の余地を与えないということで，結果として言論の自由を国民がフルに行使できないという，不思議な自由のジレンマに，フランス全体が陥っているようである。

Ⅳ　おわりに―ポスト・コロナでの新たな展開の可能性？

　情報リテラシーを軸に，政権と市民の間での今後の行方に関する問題提起をして本章を締め括ろうと思う。

　ル・モンド紙に「勝ち組の戦略，コロナゼロ」という記事が掲載されたが，The Lancetの学術論文を紹介し，OECD加盟国の中でコロナ撲滅を目標にした5カ国は，他の32カ国と比較して，死者数や市民の自由の制限も最低限

にとどまり，景気回復も早かったという研究結果を発表した[11]。その5カ国というのは，オーストラリア，ニュージーランド，アイスランド，日本，韓国である。フランスを含めた他の32カ国は「コロナとともに生きる」ことを掲げ，感染者が高止まりになったままだが，水際対策や追跡調査は5カ国に比べ，断然緩くなっている。

　経済学者により執筆されたThe Lancetの論文は，経済学の視点から言っても，コロナゼロの断固とした政策を採用した方が，結局は景気回復も早いと強調し，他国の状況と比較検討することにより，フランスが実際採用した政策に対し，一考を促している。その点では，確かな海外情報を仕入れ，客観的データを使うことの重要性をル・モンドのような一部のマスメディアでは認識していることがわかる。

　それでは，テレビのニュース番組においても比較検討が十分にできているだろうか。結論から言うと，限られた時間内ではなかなか難しい。政策が決定され，実施する段階になると，テレビのニュース番組では，政策の発表・説明にとどまるか，相対的にうまくいっている国のコロナ状況ではなく，フランスよりも状況が良くない国を取り上げることにより，政策の是非を吟味するどころか，担いでいる印象さえ与える。テレビは新聞に比し，視聴者を前に，より強烈なインパクトを与えることを危惧するせいか，警鐘を鳴らすことなく，かえって政権の政治的決断による，フランスの成功談を強調しているようでもある。これでは，事実は遠のいてしまう。

　ただ，ここで前述の5カ国が，今後もうまくコロナ状況を乗り切るとは主張していない。特に，日本の場合は厳重な水際対策による予防措置に全力を注いだことにより，フランスのような感染拡大を防げたが，ワクチン供給については他国に比べ，出遅れてしまった。国民の自助努力に頼り過ぎた結果，危機管理能力が麻痺してしまったのか，それともワクチンの買い付け交渉力で劣っていたのか。今後の詳細な検証を待ちたい。

　また，日本の水際政策の関連では，その徹底化のせいか，それとも民意のあらわれなのか，いずれにしても外部，特に外国人からコロナがもたらせるという考えが広く共有された感がある。そのため，海外在住の日本人の入国

は隔離期間が設けられているが別段問題はないのに，現在もオリンピックの
ような特別な理由がない限り，原則として外国人の入国は許されない。その
ようなウチとソトの感覚が人的配慮に欠ける対応につながる場合も多々ある。
コロナ感染拡大阻止を最重要視したばかり，経済的損失はいうまでもなく，
人々の精神衛生における弊害に対し，行政側そしてマスコミ側が十分に配慮
したとは言えない。その顕著な例は病院や介護施設における面会禁止である。
そのような施設での感染拡大に関する報道を逐一流す報道側の責任でもある。

　このように，コロナ阻止には比較的うまく対処できたとしても，そのため
に広義の公衆衛生面で失うものも大きい。黒白で決着できることではなく，
優れたバランス感覚が求められる。日本でも不安を煽るような情報媒体，そ
のような情報に影響されやすい受け手，民意を汲む，もしくは民意を利用す
る政治家がいるという構図があることを一人一人が自覚しなければならない。

　以上のことから，さらなる疑問が湧く。事実の追究による情報リテラシー
獲得に，マスメディア媒体は貢献していくのだろうか。コロナ関連政策決定
において，少なくともマクロン政権は，専門分野の研究結果に沿った，長期
的には一見賢明なように見える政治的判断よりも，国民の活力という観点も
秤にかけて，詰まるところ，将来の選挙戦で有利になる短期的政策を優先し
た。感染拡大を徹底的に抑えるよりも，国民の感情に応える方を選んだので
ある。

　最後に，それでも，国民の間に価値観のパラダイム転換が生じたと言える
のだろうか。公衆衛生の問題は公共利益の問題で，「自由」という価値より
も優先すべき時もあるというコンセンサスはとれた。それは，マスク着用や
外出制限遵守という面で現れている。ただ，公衆衛生という基準は絶対的基
準ではなく，しかも自由という価値体系との折り合いで基準の重みが決まる
ということを，フランスをはじめとした「コロナとともに生きる」国は政治
的判断と言う形で表明したと言える。

注
1　例えば，石井（2012）pp.19-23。

2　鳥海不二夫のSNS分析（「日本でも拡散する陰謀論」『朝日新聞』2021年2月2日）。

3　例えば，"Enlèvement d'une fillette dans les Vosges," *Le Monde*，2021年4月16日。

4　https://www.francetvinfo.fr/faits-divers/enlevements/enlevement-de-mia/enquete-franceinfo-enlevement-de-mia-lola-montemaggi-une-mere-enfermee-dans-une-spirale-complotiste_4382325.html

5　"Gilets jaunes, anorexie, complotisme: comment Lola Montmaggi, la mère de Mia, a basculé en marge de la société," *Midi Libre*，2021年4月17日。

6　フランスには，カルト集団を監視対象にするシステムが以前からある。現在はセクト的逸脱行為関係省庁警戒対策本部（Mission interministérielle de vigilance et de luttes contre les dérives sectaires）が政府機関として機能している。

7　欧州出身の代表的な「陰謀論者」として，以下の人物が挙げられている。Rémy Daillet, Jean-Jacques Crèvecoeur, Thierry Casanovas, Guy-Claude Burger, Tal Schaller, Johanne Razanamahay, Silvano Trotta.

8　注3参照。

9　この選考システムに反対している教員組合等は，公平の原則が遵守できないという理由からではなく，学生を選考すること自体に反対している。大学という公共教育機関は中等教育を修了した全ての人に分け隔てなく開かれるべきという考えからである。

10　教室の不足はコロナ禍に始まったことではなく，年度の初めは教室が足りないこともしばしばあった。2020年度は幸いコロナのため，ほとんどがオンライン授業であり，収容の問題は生じなかった。

11　"Le choix gagnant des pays ayant opté pour la stratégie zéro du Covid", *Le Monde,* 2021年5月5日。

参考文献

石井敬子（2012）「遺伝子と社会・文化環境との相互作用：最近の知見とそのインプリケーション」『感情心理学研究』Vol.20, No.1, pp.19-23.

ベルランゲ河野 紀子

索　引

【執筆者紹介】（執筆順）※氏名については苗字＋名前の順

長谷川 信次（Shinji HASEGAWA）〔序章，第3章〕
編著者紹介参照

山下 裕司（Yuji YAMASHITA）〔第1章〕
日本銀行パリ事務所長（執筆当時）

大来 志郎（Shiro OKITA）〔第2章〕
在フランス日本国大使館財務参事官

ムキエリ ジャン-ルイ（Jean-Louis MUCCHIELLI）〔第4章〕
パリ第1大学（パンテオン・ソルボンヌ）名誉教授，レンヌビジネススクール研究担当副学長

内田 亨（Toru UCHIDA）〔第5章〕
新潟国際情報大学経営情報学部教授，元エクス・アン・プロヴァンス政治学院客員研究員

オルシニ フィリップ（Philippe ORSINI）〔第5章〕
日本大学経済学部教授

マニエー渡邊 馨子（Kaoruko MAGNIER-WATANABE）〔第5章〕
ハーバード大学大学院エクステンションスクール修士課程心理学専攻

マニエー渡邊 レミー（Remy MAGNIER-WATANABE）〔第5章〕
筑波大学ビジネスサイエンス系准教授

ベントン キャロライン（Caroline BENTON）〔第5章〕
筑波大学副学長，同大学ビジネスサイエンス系教授

マーティン ジュリアン（Julien MARTINE）〔第6章〕
パリ大学東アジア言語文明学部（LCAO）准教授

コスタンティーニ ヒロコ（Hiroko COSTANTINI）〔第7章〕
パリ政治学院公共政策研究所リサーチフェロー，
オックスフォード大学人口高齢化研究所マリキュリー・リサーチフェロー

ロバーツ グレンダ（Glenda S. ROBERTS）〔第7章〕
早稲田大学大学院アジア太平洋研究科教授

エニンジェ アリーヌ（Aline HENNINGER）〔第7章〕
オルレアン大学人文学部准教授，早稲田大学ジェンダー研究所招聘研究員

ジャリュゾー ベアトリス（Béatrice JALUZOT）〔第8章〕
リヨン政治学院准教授，東アジア研究所（IAO）所長

壹貫田 剛史（Takeshi IKKANDA）〔第9章〕
在フランス日本国大使館一等書記官（文部科学省より出向）

ベルランゲ河野 紀子（Noriko BERLINGUEZ-KONO）〔第10章〕
リール大学言語文化社会学部教授，元早稲田大学高等研究所訪問上級研究員

〈編著者紹介〉

長谷川　信次（はせがわ・しんじ）
　早稲田大学社会科学総合学術院教授，経営学博士（パリ第 1 大学）

　パリ第 1 大学（パンテオン・ソルボンヌ）大学院博士課程修了（1996年）
　1992年 早稲田大学社会科学部専任講師，助教授（1994年），教授（1999年）
　2001年 早稲田大学大学院社会科学研究科教授を経て現在に至る
　この間，リヨン第 3 大学招聘教授（2015年），パリ第 7 大学，パリ政治学院訪問教授
　（2019-2020年）など

〈主な著書〉
　『ケースに学ぶ国際経営』有斐閣，2013年
　La Régionalisation en Asie : Dimension Economique Territoriale, Harmattan, 2011
　『国際ビジネス理論』中央経済社，2008年
　『国際経営論への招待』有斐閣，2002年
　『多国籍企業の内部化理論と戦略提携』同文舘出版，1998年
　『日本企業の国際経営』同文舘出版，1992年
　ほか多数

2021年 9 月30日　　初版発行　　　　　　　略称：コロナ下の世界

コロナ下の世界における経済・社会を描く
―ロックダウン・イン・パリ体験を通して―

編著者　Ⓒ 長 谷 川　信 次
発行者　　中 島 治 久

発行所　同 文 舘 出 版 株 式 会 社
東京都千代田区神田神保町1-41　　　　　〒101-0051
営業(03)3294-1801　　編集(03)3294-1803
振替 00100-8-42935　　http://www.dobunkan.co.jp

Printed in Japan 2021　　　　　　　　　　　　　DTP：一企画
印刷・製本：萩原印刷
装丁：志岐デザイン事務所

ISBN978-4-495-39050-1